U0123147

《巴黎評論》編輯部 編

巴黎評論

作家訪談錄 I

THE PARIS REVIEW
INTERVIEWS *vol. I*

C O N T E N T S

歐尼斯特·海明威
Ernest Hemingway

海明威：你看賽馬嗎？

訪問者：偶爾看。

海明威：那你就有讀馬經了……虛構的眞諦全在裡頭。

——一九五四年五月，在馬德里一家咖啡館的對話。

"I could take it," the man said. "Dont you think I could take it, Kid?"

"You bet."

"They all bust their hands on me," the little man said. "They couldn't hurt me."

He looked at Nick.

"Sit down," he said. "Want to eat?"

"Sure." Nick said. "I'm hungry."

"Listen," the man said, "Call me Ad."

"Sure."

"Listen," the man little man said. "I'm not quite right."

"What's the matter?"

"I'm crazy."

He put on his cap. Nick felt like laughing.

"You're all right," he said.

"No I'm not. I'm crazy. Listen, you ever been crazy?"

"No," Nick said. "How does it get you?"

"I dont know," Ad said, "When you got it you dont know about it. You know me dont you?"

"No."

"I'm Ad Francis."

"Really?"

海明威短篇小說《殺人者》的一頁手稿。

歐尼斯特・海明威在臥室裡寫作，他的房子位於哈瓦那近郊的聖法蘭西斯科・德・保拉地區。在房子西南一個外形方正的角樓裡，有一間特設的工作室，但他偏愛臥室，唯有小說裡的「角色」能驅使他爬上角樓。

臥室在一樓，和主廳相連。當間的門虛掩著，一本介紹世界飛機引擎的厚書橫在門縫裡。臥室很大，陽光充足，從東側和南側窗戶照進來的日光直射在白色牆壁還有泛黃的地磚上。

整間臥室被一對齊胸高、同牆面成直角擺放的書架隔成兩邊，其中一邊放了張低矮的大雙人床，大尺碼的拖鞋整整齊齊地擺在床尾地板上，兩隻床頭櫃上堆滿了書。臥室另一頭，立著一張寬大的平板書桌，兩邊各放一把椅子。書桌上，紙張和紀念品有秩序地擺放著。臥室盡頭立著一只大衣櫃，櫃頂上方掛了張豹皮。一排白色書架倚在房間另一側的牆上，書多得溢到地板上，底下還堆放著舊報紙、鬥牛雜誌和一沓沓用橡皮筋綁好的信。

在這堆亂糟糟的書架當中，有一個就挨著東側窗戶旁的牆面，距離床鋪差不多三呎遠，上頭被海明威拿來當「工作桌」，大概一呎見方的窄小空間，一側堆滿書，另一側是成沓的紙、手稿和小冊子，上面蓋著報紙。餘下的地方剛好放一架打字機，上面有塊木質讀寫板，五六支鉛筆和一大塊鎮紙用的銅礦石，以防紙張被東側窗戶吹進來的風颳跑。

站著寫作是海明威最初就養成的習慣。他總是穿一雙大號拖鞋，站在那塊發舊的捻角羚羊皮上——面對著齊胸高的打字機和讀寫板。

海明威如此開始每項新的工作：在讀寫板上放好半透明的打字紙，拿起一支鉛筆。他用紙夾板固定好一沓白紙，放在打字機左側。從標有「亟待付清」字樣的金屬夾子下面抽紙，每次只取一頁。把紙斜放在讀寫板上，左臂倚著讀寫板，手按住紙張。隨著歲月流逝，紙面上的字越來越大，更像是孩子的筆跡，只用很少的標點符號和大寫字母，句號常用一個「×」代替。每完成一頁，他就會把紙反過來，頁面朝下夾在打字機右側的紙夾板裡。

若是寫作順暢無阻或者碰到相對容易進行的部分，比如人物對話，海明威會掀開讀寫板改用打字機。

他把每天的工作進程記錄在一張大表格上——「以防自欺欺人」。這張工作表用包裝盒側面的硬紙板製成，立在牆邊，上面懸掛著一個小羚羊頭標本。表格上的數字代表每天產出的文字量，變化如下：從 450、575、462、1250 降回 512。產量高的日子定是因為海明威加班工作，免得因為第二天要出海釣魚而內疚。

海明威不習慣用那張嵌在壁凹裡的書桌，它雖然更寬敞一些，卻同樣堆滿了雜物：一沓沓信件；一個毛茸茸獅子玩具，百老匯夜店裡賣的那種；一隻裝滿食肉動物牙齒的麻袋；彈殼；一根鞋拔；木雕的獅子、犀牛、兩頭斑馬還有一隻疣豬，在桌子表面擺成一排。當然，還有許許多多的書：壘在書桌上、工作台邊，胡亂塞入書架——小說、歷史書、詩歌集、劇本和散文，瞥一眼書名就知道種類有多麼繁複。當海明威站在「工作台」前寫作時，他膝蓋正對的書架上立著吳爾芙的《普通讀者》，威廉姆斯的《分裂之家》、《黨刊選讀》，比爾德的《共和對話錄》，塔爾列的《拿破崙入侵俄國》，伍德的《你看上去如此年輕》，布魯克斯的《莎士比亞與染工的手》，鮑德溫的《非洲狩獵》，T.S. 艾略特的詩集，還有兩本關於卡斯特將軍在「小巨角戰役」中失敗的書。

第一眼望去，房間雜亂無章，仔細看看卻能發現，主人愛好整潔但不忍丟掉任何一樣東西——特別是那些附著情感的物品。其中一副書架頂端擺放了一排奇特的紀念品：一頭用木珠做成的長頸鹿；一隻鑄鐵小烏龜；一個火車頭模型；兩輛吉普車車模和一艘威尼斯輕舟模型；一個後背插著鑰匙的小熊玩具；一隻拿著銅鈸的猴子；一架微型吉他模型；還有一架美國海軍雙翼飛機模型（一隻輪子不見了）歪歪扭扭地擺在圓形的草編桌墊上——這些收藏品不過是些零碎罷了，如同每個小男孩藏在衣櫃鞋盒裡的好玩意兒一樣。顯而易見，每一件紀念品都有其珍貴之處。好比海明威擺在臥室裡的三只水牛角，尺寸大小並非重點，它們之所以珍貴是因為那次的狩獵過程，開始並不順利而最終否極泰來。「每次看到它們，都會讓我十分開心。」他說。

海明威或許會承認自己對這些物件的迷信，但他寧願不去談論它們，覺得它們的價值會在言談中消減。他對寫作的態度也是這樣。採訪過程中，他曾多次強調，寫作這門手藝不該被過度的探究干擾——「雖然『寫』這件事在某些方面很堅硬，無論怎麼討論都不會對它造成傷害，但其他部分卻是脆弱的，一旦談論起來，整個構造就會轟然瓦解，而你一無所得。」

因此，海明威雖是個充滿幽默感、善於講故事的人，對自己感興趣的東西研究頗深，但仍會覺得寫作這件事難於啟齒——並非對此主題少有想法，而是因為他強烈地意識到，有關寫作的思考不該被表達出來，相關的採訪提問往往會「驚嚇」到他（借海明威常用的字），甚至令他失語。此次採訪當中，有好多次他寧願用讀寫板回覆。海明威偶爾的尖刻口吻同樣印證了他的觀點：寫作是私人、孤獨的職業，在終稿完成前，不需要任何旁觀者在場。

海明威全心投入藝術所表現出的個性，或許同眾人想像中那個放蕩不羈、以自我為中心的角色有所出入。事實上，雖然海明威很會享受生活，但他同樣對自己從事的每一件工作虔心付出——懷著嚴謹態度，對那些不精準、帶有欺騙性、迷惑人、半成品的想法深惡痛絕。

若要驗證海明威對寫作事業的付出，沒有任何地方比得上這間鋪有黃色地磚的臥室。清早起床後，海明威會全神貫注地站在讀寫板前，唯有將重心從一隻腳換到另一隻腳時，才會挪動一下身體；寫作順利推進時，他大汗淋漓，興奮得像個小男孩；而當藝術家的靈感突然消失，他便會感到煩躁、痛苦——他是一個嚴於律己、自我約束力極強的人。直到晌午時分，他才會拿起圓頭手杖出門去泳池，每天都要游上半哩。

——喬治·普林敦（George Plimpton），一九五八年

《巴黎評論》（以下簡稱「評」）：真動筆寫的時候是非常快樂的嗎？

海明威（以下簡稱「海」）：非常快樂。

評：你能不能談談這個過程？你什麼時候工作？是否嚴格遵循一個時間表？

海：寫書或者寫故事的時候，每天早上天一亮我就動筆，沒人打攪；清涼的早上，有時會冷，寫著寫著就暖和起來。把之前寫好的部分讀一讀，既然總是在知道接下來會發生什麼的時候停筆，就從那繼續接下去。寫到自己還有元氣、知道下面該怎麼寫的時候停筆，吃飽了混天黑，第二天再去碰它。早上六點開始寫，寫到中午，或者不到中午就不寫了，停筆的時候，你好像空了，同時又覺得充盈，就好像和一個你喜歡的人做愛完畢，平安無事，萬事大吉，心裡沒事，就待第二天再做一次，難就難在你要熬到第二天。

評：你離開打字機的時候能不去想你正在寫的東西嗎？

海：當然可以。不過，這得訓練，不練不成。我練成了。

評：你讀前一天寫好的那部分時，是否會修改？還是晚點等全篇結束時再修改？

海：我每天停筆之前會修改一遍，全部完成之後自然會再改一遍。別人打字之後，又有機會再更正、修改，打字稿看得清楚。最後是看校樣。你得感謝有這麼多修改的機會。

評：你修改的程度有多大？
海：這得看情況。《戰地春夢》的結尾，最後一頁，我改了三十九次才滿意。

評：有什麼技術問題？遇到什麼麻煩了嗎？
海：為了找到準確的詞。

評：是不是重讀能讓「文思」再起？
海：重讀讓你置身於故事得要繼續走下去之處，曉得接下來可以和之前寫得一樣好。所謂的文思總是在那兒呢。

評：可有沒有靈感全無的時候？
海：當然有。要是你在知道接下去會發生什麼的時候停筆，就能接著寫。只要你能開始，問題就不大，文思自然貫通。

評：懷爾德（Thornton Wilder）曾講到作家開工得靠些提示物。據說有一回你告訴他，你削尖了二十支鉛筆。
海：我不記得一下用過二十支鉛筆，一天能寫鈍七支 2 號鉛筆就不錯了。

評：你發現什麼地方最有益於寫作嗎？兩世界旅館（Ambos Mundos）一定算得上，你在那裡寫出了不少作品。寫作環境對你有影響嗎？
海：哈瓦那的兩世界旅館是非常好的寫作地點。現在這個莊園也是個很好的地方，或者說以前很好。不過，我在哪兒都能寫。我是說我儘量在各種環境下工作，只有電話和訪客會打擾我寫作。

評：要寫得好是否必須情緒穩定？你跟我說過，你只有戀愛的時候才寫得好，你能就此多說點兒嗎？

海：好一個問題。不過，我試著得個滿分。只要別人不來打擾，隨你一個人去寫，你任何時候都能寫，或者你狠狠心就能做到。但最好的寫作註定來自你戀愛的時候。如果你也是這樣的，我就不多說什麼了。

評：經濟保障呢？對寫出好東西有害嗎？

海：如果錢來得太早，你愛寫作又愛享樂，那麼就要有很強的個性才能抗拒誘惑。寫作一旦成了你最大的惡習又給你最大的快樂，那只有死亡才能了結。經濟保障的好處是可以讓你免於憂慮，壞身體和憂慮會相互作用，襲擊你的潛意識，破壞你的儲備。

評：你記得你想當作家的確切時間嗎？

海：不記得，我一直想當個作家。

評：菲力浦・楊（Philip Young）在評論你的書裡提出，一九一八年你中了迫擊炮彈，那次重傷把你震成了一個作家。我記得你在馬德里簡單說過你對他這個論調不以為然，你還說，你認為藝術家的才能不是後天能養成的，根據孟德爾的觀點，是先天的。

海：顯然在馬德里那年，我的腦子不能算是正常。我只是簡單提到楊先生那本書和他的文學外傷理論，也許兩次腦震盪和那年的頭蓋骨骨折弄得我說話不負責任，我的確記得告訴過你，想像力是種族經驗遺傳的結果。在腦震盪之後愉快的談話中，這說法聽起來不錯，也多少有點兒不可靠。等我下次自由受創的時候再聊吧，你同意嗎？我感謝你刪去我可能涉及的親屬的名字，談話的樂趣在於天南地北地閒聊，但大多數談話和那些不負責任的說法都不應該記下來。一寫下來，你就得擔著。說的時候也許是看看你信不信。至於你提的問題，創傷的影響是不同的，沒傷到骨頭的不要緊，有時候還給你信心。傷了骨頭和損壞神經的創傷對作家是不利的，對誰都不利。

評：對想當作家的人來說，你認為最好的腦力訓練是什麼？

海：我說，他應該出去上吊，因為他會發現要寫得好真是無比艱難。接著要毫不憐惜地把他救下來，好讓他終其餘生逼著自己盡可能寫好。至少他可以從上吊的故事開始。

評：那些進入學術界的人怎麼樣？你如何看待有許多作家做出妥協，放棄了文學生涯而謀得一個教席？

海：這要看你說的放棄是什麼意思。是被拋棄的婦女那個意思？是政治家的一種妥協？是你願意多付點錢給雜貨店老闆或裁縫，但打算晚點再付這種意義上的妥協嗎？既能寫作又能教書的人自然能兩樣都做，好多能幹的作家已經證明他們做得到。我做不到，我知道，我佩服那些能做到的人。我認為學術生活會中止你的外部經驗，有可能限制你對世界的瞭解。而瞭解越多，作家的負擔越重，寫起來越難。想寫出一些具有永恆價值的東西是一件全職工作，即使說一天可能只有幾個小時實際動手寫。作家好比是一口井，有多少種井就有多少種作家，重要的是井裡得有好水，定量汲水比一下抽乾再等井滲滿要好。我看我是離題了，不過這問題沒什麼意思。

評：你會建議年輕作家進報紙這行嗎？你在《坎薩斯城星報》受到的訓練對你有幫助嗎？

海：在《星報》工作，你得學著寫簡單的陳述句，這對誰都有用。新聞工作對年輕作家沒害處，如果能及時跳出，還有好處。這是最無聊的老生常談，我感到抱歉，但是，你要是問別人陳舊而扯淡的問題，就會得到陳舊而扯淡的回答。

評：你在《大西洋兩岸評論》上寫道，寫新聞報導的唯一原因是報酬高，你說，「寫報導會毀掉你最有價值的東西，幹這個就是為了賺大錢。」你把那樣寫作看成一種自我毀滅嗎？

海：我不記得我這麼寫過。這話聽起來愚蠢又粗暴，好像是我為了避免苦思冥想而故作聰明的判斷。我當然並不認為寫這類東西是自我毀滅，不過，寫新聞報導過了一定程度，對認真創作的作家來說會成為日復一日的自我毀滅。

評：你覺得同其他作家相處，智識上相互刺激，對一個寫作者來說有價值嗎？

海：當然。

評：二十年代你在巴黎和其他作家、藝術家一起有沒有「群體感」？

海：沒有，沒有群體感。我們相互尊重。有很多畫家令我佩服，有的跟我差不多年紀，有的比我大：格里斯（Gris）、畢卡索、布拉克、莫內——當時他還活著；還有幾位作家：喬伊斯、艾茲拉，斯泰因（Getrude Stein）好的一面……

評：寫作時，你是否會發現自己受到正在閱讀的書籍影響？
海：自從喬伊斯寫《尤利西斯》之後就沒有了。他的影響也不是直接的。可那個時候，我們知道的詞語卻不能用，得要為了單單一個字抗爭。他的作品有所影響，在於他把一切都改變了，讓我們能夠擺脫各種限制。

評：你能從作家身上學到關於寫作的東西嗎？比如，你昨天對我說，喬伊斯不能容忍談論寫作。
海：你同你這行的人在一起，通常會談論其他作家的作品。越是好作家，越少談論自己寫過什麼。喬伊斯是一位很偉大的作家，他只跟笨蛋解釋自己做了什麼。他所尊重的那些作家，應該讀了他的作品就知道他在做什麼。

評：這幾年你好像刻意避免和作家來往，為什麼？
海：這個有些複雜。你寫得越久就會越孤獨。好朋友、老朋友大多去世了，還有些搬得遠了。你幾乎見不到他們，但是你會寫信多所來往，就像那時候和他們一起泡在咖啡館裡。你們互通信件，寫得滑稽，興之所至會淫穢、不負責，這幾乎跟聊天一樣美妙。但是你更孤獨，因為你必須工作，能工作的時間總體來說越來越少，你要是浪費時間就會感到犯了不可饒恕的罪。

評：有些人，特別是你同時代的人，對你的作品有什麼影響？斯泰因有沒有影響？還有龐德？或者珀金斯（Max Perkins）？

海：對不起，我不擅長這樣的屍檢。有文學界和非文學界的法醫專門做這樣的事情。關於她對我的影響，斯泰因小姐有許多相當不可靠的絮叨，她有必要這麼做，因為她從一本叫《太陽照常升起》的書裡學到了寫對話。我很喜歡她，我覺得她學會了怎麼寫對話實在了不起。對我來說，向不管是活人還是死人學習並不是新鮮事，但我沒想到我對她有這麼強的影響。其實她在其他方面已經寫得很好了。艾茲拉對自己真正瞭解的題目有極端的才智。這類談話你不覺得厭煩嗎？這類私下的文學八卦，翻騰三十五年前的糗事，讓我噁心。要是誰想試著說出整個真相那又不同，那會有點兒價值。我們最好簡單點講：我感謝斯泰因，我從她那裡學到了字與字之間的抽象聯繫——看我多喜歡她；我重申我對艾茲拉作為偉大詩人和好朋友的忠誠；我非常在乎麥克斯 · 珀金斯，從來沒能接受他已經死了。他從來沒要求我改動我寫的東西，除了刪掉一些當時不能發表的字眼。刪掉的地方留下空白，知道那些字的人自然知道空白之處該是什麼。對我來說，他不是一個編輯，他是位良伴益友。我喜歡他戴帽子的方式，還有嘴唇抽動的那副怪樣。

評：說說你的文學師承——你從哪些人身上學到的東西最多？

海：馬克 · 吐溫、福樓拜、司湯達爾、巴哈、屠格涅夫、托爾斯泰、杜斯妥也夫斯基、契訶夫、馬維爾（Andrew Marvell）、多恩（John Donne）、莫泊桑、好的吉卜林、梭羅、馬利埃特船長、莎士比亞、莫札特、克維多（Quevedo）、但丁、維吉爾、丁托列托、波希（Hieronymus Bosch）、勃魯蓋爾（Brueghel）、帕蒂尼爾（Patinir）、戈雅、喬托、塞尚、梵谷、高更、聖十字若望（San Juan de la Cruz）、貢戈拉（Góngora）——全記起來要用一整天。這樣一說，就好像我在賣弄我不具備的博學，而不是真的想回憶對我的生活和創作發生影響的人似的。這不是一個無趣的老問題，這是一個嚴肅的好問題，必須憑良心作答。我把畫家列入其中，是因為我從畫家身上學習如何寫作同從作家那裡學到的一樣多。你要問怎麼學的，這又要花一天去解釋。我還覺得，一個作家可以向作曲家學習，學習和聲與對位法的效果很明顯。

評：你甚至還會演奏樂器是嗎？
海：以前是拉大提琴。我母親讓我輟學一整年研習音樂和對位法。她以為我有本事，但我絕對沒這個才能。我們演奏室內樂，有人來拉小提琴，我姊姊拉中提琴，母親彈鋼琴。至於這大提琴——誰來拉都比我強。當然那一年我還出去做別的事情。

評：你會重讀這名單裡的作家嗎，比如，吐溫？
海：你必須隔兩三年再讀吐溫，因為記得太清楚了。我每年都讀一點莎士比亞，通常是《李爾王》，讀了心裡就高興。

評：讀書已成為一種經常性的消遣和樂趣？
海：我總是在讀書，有多少讀多少。我給自己定量，這樣才能一直有東西讀。

評：那你讀手稿嗎？

海：這麼做會惹麻煩，除非你和作者私交不錯。幾年前我被指控剽竊，有個人說，我的《戰地鐘聲》抄襲了他沒有發表的一個電影劇本。他在某個好萊塢聚會上朗讀過這個劇本，我在那兒，他說至少有個叫「歐尼」的傢伙在場聽了他的朗讀，這就足以讓他打官司要求一百萬美元的賠償。他還對電影《騎軍血戰史》和《浪蕩小子》的製片人提出告訴，說是也剽竊了他那部沒發表的劇本。我們上了法庭，當然，我贏了官司。原來是那傢伙破產了急著找錢。

評：好啦，我們還是回到你那個名單上，談一位畫家——哈依羅尼穆斯 · 波希？他作品裡那種夢魘般的象徵似乎和你的作品風馬牛不相及？

海：我有過夢魘，所以瞭解他人的夢魘。但是你不一定把它們寫下來，你省略掉你所瞭解的東西，但它們依舊存在於你的作品中，它們的特質依然會顯現出來。如果作家省略掉他所不瞭解的東西，就會像作品中的漏洞一樣顯現。

評：這是不是意味著，熟悉了名單上那些人的作品後，就能灌滿你剛才說的那口「井」？或者說，它們會有意識地幫助你提高寫作的技巧？

海：它們是我學習去看、去聽、去想、去感覺和不去感覺、去寫的一個部分。你的井是你的「文思」所在，誰也不知道它由什麼構成，你自己更不知道。你所知道的只是你有了「文思」，或者你不得不等待「文思」回轉。

評：你願意承認你的小說中存在象徵主義嗎？

海：既然評論家不斷找到了象徵，那我想就有吧。要是你不介意，我不喜歡談論象徵，也不喜歡被問到象徵。寫了書和故事又能不被要求提出解釋，可真夠難的。這也搶了解釋者的飯碗，要是有五個、六個或者更多的好評論家不斷地在解釋，我為什麼要去干擾他們呢？讀我寫的東西是為了讀的時候愉快，至於你從中發現了什麼，就看你是帶著什麼來讀。

評：在這方面再多問一個問題：有一個編輯顧問發現在《太陽照常升起》中，鬥牛場登場的人物和小說本身的角色之間有一點對比。他指出這本書頭一句話說羅伯特 ‧ 科恩是一個拳擊手；後來，在開鐵欄時你描寫那頭公牛像一個拳擊手似的用牠的兩個角又挑又戳，後來見了一頭閹牛就被吸引住了，平靜下來；羅伯特 ‧ 科恩聽傑克的話，而傑克是被閹過的，就跟閹牛一樣。編輯顧問把傑克看成是鬥牛士，一再挑動科恩。編輯的論調這麼推演，但是他不知道你是否有意識地用鬥牛儀式的悲劇結構來組織你的小說。

海：聽起來這位編輯顧問真有點鑽牛角尖。誰說傑克是「閹割過的，就跟閹牛一樣」？其實他是以相當不一樣的方式受了傷，他的睪丸完好無損。他具備一個男人的正常感覺，就是沒法圓滿。重要的區別在於，他傷在肉體而不是心理，他不是一個閹人。

評：這些追究技術的問題真的是有點煩。

海：明智的問題既不會讓你高興也不會讓你煩惱。我還是相信，作家談論自己怎麼寫非常不好，他寫出來是給讀者用眼睛看的，解釋和論述都不必要。你多讀幾遍肯定比最初只讀一遍得到的東西要多。在此之後，叫作者去解釋，或者再三剖析作品裡比較艱難的部分，就不是作者該做的事情了。

評：與此相關，我記得你也警告過，作家談論自己正在寫的作品是危險的，他可能把作品「談沒了」，怎麼會這樣？我之所以問這個問題，是因為有許多作家，像是吐溫、王爾德、瑟伯（Thurber）、史蒂芬斯（Steffens），似乎會先給聽眾檢驗，再修飾他們的材料。

海：我不相信吐溫拿《頑童歷險記》給聽眾「檢驗」過，如果他這麼做了，他們沒準兒讓他刪掉好的加上壞的。瞭解王爾德的人說他講的比寫的好，史蒂芬斯也是講的比寫的好。他的寫作和談話有時都讓人難以相信，我聽說他年紀大了之後好多故事也變了。如果瑟伯談的和他寫的一樣好，準是一個最了不起、最不招人煩的談話者。我所認識的人裡，談論自己那個行當談得最好的是鬥牛士貝爾蒙特（Juan Belmonte），又逗人開心，又「毒舌」。

評：你能不能談談，你是經過怎樣的努力才形成你的獨特風格？

海：這是個老掉牙的煩人問題，如果你花太多時間回答這個問題，你就會過於在乎而沒法寫作了。我可以說，業餘愛好者所說的風格往往只是不可避免的彆扭，那是緣自你首次嘗試去做前人沒做過的事情。沒有一個新的經典會肖似其他之前的經典。一開始，人們只看到彆扭，後來不大看得出來了。當它們顯得那麼笨拙的時候，人們認為這些笨拙就是風格，還有好多人去模仿，這太遺憾了。

評：你有一次在信中告訴我，在簡陋環境下寫出小說的不同片段，對作家是有益的，你能用這個來說說〈殺人者〉嗎？你說過，這個小說、〈十個印第安人〉和〈今天星期五〉是在一天之內寫成的，或許還有你頭一個長篇小說《太陽照常升起》？

海：我想想，《太陽照常升起》是我生日那天在瓦倫西亞動筆寫的，七月二十一日。我妻子哈德萊和我提早就到瓦倫西亞，為的是買好位置看鬥牛，節慶要到七月二十四日才開始。和我年齡相仿的人都寫過一部小說，可我寫上一段還覺得費勁。所以我就在生日那天動筆，整個假日都在寫，早上在床上寫，到馬德里之後接著寫。那裡沒有節慶，我們訂了一個有桌子的房間，我能在桌上寫真是太奢侈了。旅館附近、阿瓦雷茲街上有一個喝啤酒的地方挺涼快的，我也去那兒寫。最後熱得寫不下去了，我們就去昂達伊（Hendaye），那裡有片又長又美的沙灘，有一家便宜的小旅館，我在那兒寫得很順。後來又到巴黎去，在聖母院路一一三號一家鋸木廠樓上的公寓裡寫完了第一稿。從動筆算起用了六個星期。我把初稿拿給小說家阿什（Nathan Asch）看，他有很重的口音，他說，「阿海，哩說哩寫了個小說是甚麼意思？一個小說啊哈，阿海，你寫的是旅遊書。」我聽了他的話並沒有特別喪氣，又改寫了這個小說，保留了福拉爾貝格州施倫斯村陶伯旅館的那部分旅途內容（關於釣魚旅行和潘普洛納那部分）。

你提到我一天之內完成的那幾個小說，是五月十六日那天寫的，馬德里的聖伊西多鬥牛節因下雪暫停。頭一個我寫的是〈殺人者〉，以前試著寫過一稿但失敗了。午餐之後我上床暖和暖和又寫了〈今天星期五〉。我文思泉湧，我想我快要瘋了——還有六個故事要寫呢。所以我穿上衣服，到佛諾斯（Fornos）那間古老的鬥牛士咖啡館去喝咖啡，然後回來又寫〈十個印第安人〉。這弄得我很悲傷，喝了點白蘭地酒上床睡覺。我忘了吃飯，結果有個服務生給我送來些鱸魚，還有一小塊牛排以及炸薯條，喝了一瓶瓦爾德佩尼亞斯產的葡萄酒。

旅館的老闆娘老是擔心我吃得不夠，就派個服務生來。我記得我坐了起來在床上吃，還喝「瓦爾德佩尼亞斯」，服務生說他會再拿一瓶上來，他說老闆娘想知道我是不是還要通宵寫作，我說不了，我想歇上一會兒。你為什麼不試著再寫一個呢？那個服務生問我。我只想寫一篇就好了，我說。扯淡，他說，你能寫六個。我明天試試，我說。今兒晚上就試試，他說，你以為老闆娘幹嘛給你送吃的上來？

我告訴他，我累了。胡說，他說（他可不是胡說），寫三個微不足道的小短篇你就累了？給我講一個。讓我清靜會兒，我說，你不讓我一個人待著，我怎麼接著寫？我就在床上坐著，喝瓦爾德佩尼亞斯葡萄酒，心裡想，如果第一個故事就能如願寫得那麼好，那我這個作家也太了不起了吧。

評：一個短篇小說的構想在你腦海裡有多完整？主題、情節，或者人物會不會隨著寫作過程而有所變動？

海：有時候你瞭解這個短篇。有時候你隨寫隨編，根本不知道它會如何結局。運轉起來就什麼都變了。運轉起來就造成故事。有時候運轉會很慢，就像不動似的，但總有變化發生，也總是在動。

評：長篇小說也是一樣嗎？你在動筆之前就列出整個寫作計畫並嚴格堅持嗎？

海：《戰地鐘聲》是我每天都要應對的問題。原則上我知道接下去要發生什麼，但寫的時候我每天都要想出情節。

評：《非洲的青山》、《有錢人和沒錢人》、《渡河入林》一開始都是短篇，後來才發展成長篇的是嗎？這樣說來，這兩種形式很相似，作家可以從短篇過渡到長篇而不用徹底換個方式？
海：不，不是這樣。《非洲的青山》不是一本小說，寫出來是看看我能否寫一本絕對真實的書，描繪一個國家的面貌，記述一個月的活動，看這種真實的呈現能否和虛構的作品相媲美。寫完《非洲的青山》，我寫了兩個短篇小說，〈吉力馬札羅的雪〉和〈法蘭西斯 ‧ 麥康伯短促的幸福生活〉，這兩個故事來源於《非洲的青山》裡如實記述的那一個月打獵旅行所獲得的見識與經歷。《有錢人和沒錢人》、《渡河入林》都是從短篇小說開始的。

評：你覺得從一個寫作計畫轉移到另一個容易嗎？還是你開了頭就要持續寫完？
海：事實上，我中斷自己認真的工作來回答你這些問題，足以證明我蠢得應該被判以重刑了。別擔心，接著來。

評：你覺得你在和別的作家競爭嗎？
海：從來沒有。之前我總想超越那些價值已受肯定的前一代作家。如今我早就只是單純努力盡自己所能寫到最好。有時我運氣不錯，超水準發揮。

評：你是否認為，一個作家年紀大了，創造力就消退了？在《非洲的青山》裡，你提到，美國作家到了一定年紀就會落得老調重彈。

海：那我可不曉得。那些知道自己在做什麼的人會一直做到死。你提到的那本書裡，要是你細究起來，會發現我那是和一個沒有幽默感的奧地利人亂噴美國文學，我想去做別的事，可他逼著我談文學。我把那番對話準確記述下來，可不是要發表什麼了不起的意見。有些倒是不差。

評：我們還沒有談到角色，你小說中的角色是否都毫無例外地取自真實生活？

海：當然不是。有些取自真實生活。你創造的角色大半來自於你對人的見識、理解和經驗。

評：你能不能談談把真實生活中的一個人變成虛構人物的過程？

海：如果我解釋其中奧妙，那就會被當成誹謗罪律師的參考資料。

評：你是否像 E.M. 福斯特那樣，區分「扁平人物」和「圓形人物」？

海：如果你只去描寫某個人，那就是平面的，好比一張照片，從我的立場看，這就是失敗；如果你根據你的經驗去塑造，那就會是全方位的。

評：回想你所塑造的角色，其中有哪個是你特別喜歡的？

海：這名單太長了。

評：這樣說來，你挺享受重讀自己的書——你不會想去做些修改嗎？

海：有時我感到寫不下去，就讀自己的書打打氣，此時會想起寫作總是如此艱難，以往也曾有過看似不可能寫下去的時候。

評：你怎麼給你的角色起名字？

海：盡力起好。

評：你寫故事的過程中就想好書名了嗎？

海：不是。等我寫完一個短篇或者一本書，就會開個單子列滿標題名稱——有時會有一百個那麼多，接著開始刪，有時一個不剩。

評：有的名稱直接來自內文，《白象似的群山》也是這種情況？

海：是的，是後來加的。午飯之前我去普呂尼耶（Prunier）吃牡蠣的時候，遇見一位姑娘，我知道她已經打過一次胎。我過去和她聊天，倒不是聊墮胎，但回家的路上我想出這個故事，午飯也沒吃，花了一下午把它寫出來。

評：這麼說，你不寫的時候也持續不停地觀察，以便尋找一些能用的東西？

海：當然。作家停止觀察就完了。但他不必有意識地觀察，老想著怎麼去用。一開始可能是這狀況。但後來，他觀察到的東西進入他所知所見的大儲藏庫。或許可以這麼說：我總是用冰山原則去寫作；冰山露出來讓你看到的部分，以水面下的八分之七為底，你所瞭解的那些東西儘可刪去，這會加厚你的冰山，那是不露出水面的部分。如果作家略去什麼東西是因為他並不瞭解，那他的故事裡就會有漏洞。

《老人與海》可以上千頁，把村子裡每個人都寫進去，包括他們怎麼討生活，出生、受教育、有了下一代，等等。有的作家這麼寫，寫得很好很不錯，寫作這行當，你受制於既存的完美傑作，所以我得努力學著另闢蹊徑。第一，將經驗傳達給讀者時，一切不必要的東西，我試著把它們刪去，這樣讀者要是讀到什麼就會成為個人經驗的一部分，好像確實發生過。這做起來很難，我一直努力在做。

總之，先不說怎麼做成的，我這次有難以置信的好運氣，能夠把經驗完整地、前所未有地傳達出來；運氣在於我有一個好老頭和一個好孩子，近來的作家都已經忘了還有這樣的事情。還有，大海也同人一樣值得描述。這是我的運氣好。我見過馬林魚交配，知道那是怎麼回事。這些我都沒寫。在那一片水面上，我見過五十多頭抹香鯨的鯨群，有一次我叉中了一頭鯨魚，幾乎有六十呎那麼長，卻讓牠逃走了。可我也沒把這些寫到小說裡。我對漁村所瞭解的一切都略去不寫，但那正是冰山在水下的部分。

評：麥克列許（Archibald MacLeish）說過有一種向讀者傳達經驗的方法，他說是你過去在《坎薩斯城星報》寫棒球比賽時形成的。這很簡單，用祕密隱藏的小細節去傳遞經驗，藉由讓讀者意識到在他們潛意識中有所察覺的東西，而具顯示出整體的功效……

海：這個傳聞不知從何而來。我從來沒給《星報》寫過棒球。阿契想講的是一九二〇年前後，我在芝加哥是如何努力學著尋求那些激起情緒又不被注意的東西，比如說，外野手把手套一扔卻不回頭看一眼手套落在哪的那副模樣，拳擊手腳下的平底膠鞋踩在擂台上所發出的吱吱聲，布萊克本（Jack Blackburn）剛下場時灰暗的膚色，還有好多其他東西，我像畫家畫素描一樣記述下來：你見到布萊克本古怪的膚色、剃刀留下的老傷疤、對不瞭解其底細的人吹牛的方式，在你讀完之前就會被這些東西觸動。

評：你是否描寫過哪種情境，並未依據個人體驗？

海：這是個奇怪的問題。所謂個人體驗，你是說男女之間那檔事嗎？如果是這樣，回答是肯定的。一個作家，如果他是好作家，不會去描寫。他是創作，根據他親身或非親身的經驗來虛構，有時他似乎具備無法解釋的知識，可能來自已經忘卻的種族或家庭經驗。信鴿飛回家，是誰教的？鬥牛為什麼如此勇猛？或說，獵狗的嗅覺從何而來？上回我們在馬德里時談過，沒有說得很清楚，這算是闡釋或濃縮。

評：你覺得對一種體驗應該超越到什麼程度才能用小說的形式表現？就拿你在非洲遇到的飛機事故來舉例如何？

海：這取決於經驗本身。你有個部分打從一開始就抱著完全超脫的態度，另一部分的你涉入頗深。要過多久才能寫出東西，我想並沒有什麼規則可循。這要看作家個人調整得怎麼樣，看他或她的復原能力。對一個訓練有素的作家，飛機著火墜落當然是一次寶貴的經驗，他很快就學到好幾件重要的東西。這對他有沒有用，要看他能不能活下來。體面地活著，這個過時但極度重要的詞，對作家來說始終是又困難又極度重要。那些沒活下來的人常常更招人喜愛，因為沒人看見他們為了他們所認定的必須在死之前完成的任務，而進行的長期、沉悶、無情、既不寬恕別人也不求別人寬恕的奮鬥。那些死得早、輕巧放棄的人更有理由招人喜歡，因為他們能被理解，更具人性。失敗和偽裝巧妙的膽怯更有人性，更可愛。

評：我能不能問一下，你認為作家對他所處時代的社會政治問題應該關心到何種程度？

海：每個人都有自己的良知，不應該規定良知起的作用應該到什麼程度。對於一個關心政治的作家，你可以確定的一點是，要是他的作品想持久，你讀的時候就要把政治那部分跳過去。許多所謂參與政治的作家都經常改變他們的政見，這對於他們和他們的政治文藝很刺激。有時他們甚至還得重寫自己的政治觀點——而且是匆匆忙忙地。或許可以視為一種追求幸福的方式吧。

評：龐德[1]對種族隔離主義者卡斯帕（Kasper）產生的政治影響，對於你認為這位詩人應該被從聖伊莉莎白醫院釋放出來的看法有什麼作用？

海：沒有影響，毫無作用。我認為艾茲拉應該被釋放，讓他在義大利寫詩，只要他許諾不再參與任何政治活動。我很高興看到卡斯帕儘快入獄。大詩人不必是女童軍或童子軍的隊長，或者對青年人有什麼了不起的影響。舉幾個例子好了：不能為了避免他們的思想、舉止或道德被當地的極端份子仿效，就把魏倫、韓波、雪萊、拜倫、波特萊爾、普魯斯特、紀德這些人禁閉起來。我肯定，過不了十年，這段要加上一個註腳來說明卡斯帕是誰。

評：你能說，你的作品中沒有說教的意圖嗎？
海：說教是個被誤用的詞，被用濫了。《午後之死》是一本有教益的書。

評：有人說，一個作家在作品中始終只貫徹一兩個理念。你會說你的作品反映一兩個理念嗎？
海：那是誰說的？似乎太過簡略。說這話的人自己可能只有一兩種理念。

評：好，這麼說也許更好一些：葛林（Graham Greene）說過，一架子的小說會有個主導情感統整成一個體系。我相信，你自己也說過，偉大的文學作品出自不平之鳴。小說家如此受制於某種不可抗拒的感受，你認為這重要嗎？
海：葛林先生很會發表聲明，我沒那種才能。對我來說，不可能對一架子小說、一群鷸鳥，或者一群鵝歸納出法則。不過，我還是歸納一下。作家如果對正義和非正義沒有感覺，那不如去給特殊學校編畢業紀念冊，還勝過來寫小說。又是一條歸納。看到了吧，事兒明擺著也就不難做出歸納。擁有與生俱來、雷打不動的謊言感知能力，是優秀作家最基本的天賦。這是作家的雷達，所有偉大作家都有這玩意兒。

評：最後，觸及根本的問題，作為創作型作家，你認為虛構藝術的功能何在？為什麼要表現現實而不是寫事實本身？
海：幹嘛為這個感到困惑？從已發生的事情，從存在的事情，從你知道的事情還有你不知道的那些事情，通過你的虛構創造出東西來，這就不是表現，而是一種全新的事物，比任何東西都真實和鮮活，是你讓它活起來的。如果你寫得夠好，它就會不朽。你是為此而寫，並不是為了你所知的別種原因。更何況是那些沒人想得到的理由？（苗煒 / 譯）

（原載《巴黎評論》第十八期，一九五八年春號）

1 1958 年華盛頓特區的聯邦法庭撤銷了對龐德的所有指控，幫他鬪好從聖伊麗莎白醫院釋放的道路。

亨利・米勒
Henry Miller

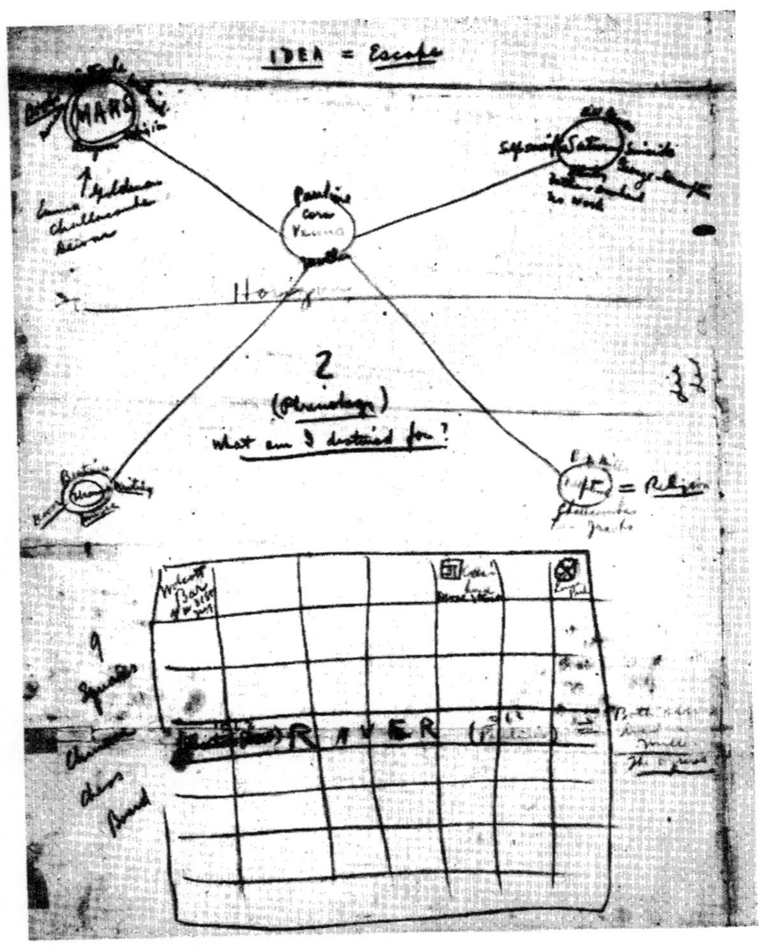

亨利・米勒最早做的筆記中關於《南回歸線》的部分：擁抱星蝕；區域地圖，地標建築、街道和墓地；命中注定，要麼，環境所迫——根據情況來；重要的事件；有力的想法；心理模式。

一九三四年，四十二歲的亨利・米勒住在巴黎，出版了他的第一本書。一九六一年，他的書終於在祖國出版，而且迅速成為暢銷書，也讓他成為名人。這些年來，關於審查制度、色情和淫穢的爭論已經把這一潭水攪渾，說什麼的都有，就是沒人談論書本身。

但這不是什麼新鮮事。就像 D.H. 勞倫斯，亨利・米勒很長時間以來就是個話題，是個傳奇。評論家和藝術家追捧他，朝聖者崇拜他，「垮掉的一代」仿效他……他是高高在上的文化英雄——或者，在某些認為他威脅了法律和秩序的人眼中看來，是文化惡棍。他甚至可能被描述成一個民間故事的男主角：流浪漢、先知、流亡人士，在其他所有人都回家的時候去了巴黎的布魯克林男孩，在美國藝術創作的悲慘世界中堅守的饑腸轆轆的波西米亞人……最近幾年，他是大瑟爾[1]的聖賢。

他這一輩子，都以第一人稱寫在那一系列自傳性質的流浪漢冒險記裡：《黑色的春天》是在布魯克林度過的青澀歲月；《南回歸線》以及「殉色三部曲」是二〇年代為了尋找自我的奮鬥；《北回歸線》是三〇年代在巴黎的冒險。

一九三九年，他去希臘拜訪杜雷爾（Durrell）。那次短暫逗留為《瑪洛西的大石像》打下了敘述的基礎。因為二戰爆發不得不返回美國，那一年奧德賽式的返鄉之旅記錄在《空調噩夢》中。然後到了一九四四年，他在加州宏偉空曠的海岸邊定居下來，之後的生活雜七雜八都寫在《大瑟爾與希羅尼穆斯・波許的橘子》這本集子裡。現在，因為他的名，大瑟爾成了朝聖者雲集的中心，所以他逃出那個地方，再次上路。

古稀之年的亨利・米勒，準確地說，看起來像剛吞下一隻金絲雀的和尚。很快你就會發現他是個熱情幽默的人。儘管腦袋上只剩一圈白髮像光環一樣圍住光溜溜的頭頂，可他一點兒也不顯老。他的身體——出人意料的輕小，完全是年輕人的樣子，連一舉一動，都散發著青春的味道。

他的聲音相當迷人，像是施了魔法的低音提琴，醇美卻不失洪亮，洪亮卻不失安靜，安靜卻不會聽不見，而且還有豐富的轉調。這種音樂性的魔咒，不可能像他表現的那樣是無意識的。他用修正過的布魯克林口音說話，時不時會停下來，插入一些純屬修辭性質的短句，比如「你明白嗎」、「你知道嗎」，有時說著說著就墜入沉思，發出一連串回音壁式的、逐漸變弱的咕噥，「是呀，是呀……嗯嗯……嗯嗯……呀……嗯……嗯」，然後沒了聲音。這個男人的味道和真誠也在於此，沒聽過他說話的人是不會完全明白這點的。

本次訪談於一九六一年九月在倫敦完成。

——喬治・威克斯（George Wickes），一九六二年

《巴黎評論》（以下簡稱「評」）：首先，和我們說說你寫作前的準備工作吧。比如海明威每次寫東西之前會先削好鉛筆，你會這麼做嗎？或者會以其他的什麼事情開始呢？

亨利・米勒（以下簡稱「米」）：不會，一般來說不會，不會做那樣的事。通常我吃完早飯就開始寫。坐在打字機前面寫。要是發現寫不出來，我就走開。但是不會有一個特定的準備工作。

評：有沒有一個特定的時段或者特定的幾天，你的寫作狀態會比平常好些？

米：我現在喜歡在早上寫東西，寫上兩三個小時。最開始，我比較習慣在午夜之後到凌晨這段時間幹活，不過那是很久以前的事了。我到巴黎之後就發現，早上幹活更好。不過那時候一寫就寫上很長時間。我會從早上開始，午飯後小睡一會兒，起來繼續寫，有時候會寫到半夜。最近十到十五年，我發現其實沒必要寫那麼長時間。實際上那樣並不好，那是竭澤而漁。

評：你是說你寫得很快？佩萊斯（Perlès）在《我的朋友亨利・米勒》裡面說，你是他認識的打字速度最快的作家之一。

米：是，很多人都這麼說過。我寫東西的時候肯定劈哩啪啦很吵。我想我確實寫得滿快的。但是後來也不完全是這樣。我可以很快地寫上一陣，然後會卡住，可能一個小時就停在那一頁。不過那種情況很少發生，因為當我發現自己陷入泥潭，我會跳過困難的部分繼續往下寫，知道嗎，你完全可以改天再回來解決那個問題。

評：就你早期作品而言，從你開始寫到寫完一本書，一般會花上多長時間？

米：這我沒法回答你。需要多長時間能寫完一本書，這是完全沒法預測的——就算我從現在開始寫，不管寫什麼東西，我都不知道什麼時候才能寫完。而且哪怕一個作家說，他是從哪天開始寫，到哪天寫完的，這也是不夠老實的說法，因為這並不意味著這段時間裡他一刻不停地在寫。就拿《色史》，或者說整個「殉色系列」來說，我記得從一九四〇年就開始寫了，到現在，我還在寫。那是不是說，我這二十多年就一直在寫「殉色」？這麼說很可笑。中間有幾年，我都完全忘了還有這回事，這又怎麼算呢？

評：好吧，我知道你重寫了好幾遍《北回歸線》，而且那是你所有的作品裡，帶給你麻煩最多的一部，不過話說回來，那畢竟是你的第一部作品。那麼現在呢？我想對現在的你來說，寫作應該不會像以前那麼艱難了吧？

米：我覺得這些問題毫無意義。花多長時間寫一本書，這能說明什麼？如果你問西默農（Simenon）那樣的問題，他會告訴你明確的答案。我想他寫一本書的時間大概是四到七週。他知道這麼長時間足夠了。他的書長度都是差不多的。再說，他是那種很少有的例外，當他說「現在，我要開始寫這本書了」，就一心一意地寫。他就是那樣的作家。他會把自己關起來，其他什麼事都不想不做。好吧，我的生活從來不是那樣的。我寫東西的時候，還有大好的日子要過。

評：你改稿改得厲害嗎？

米：有的多，有的少，這也是沒有一定的。我在寫的過程中，從來不做修改或者校正。這麼說吧，我會隨興所之把一個東西寫出來，然後，等它冷卻下來——我會讓它休息一會兒，一個月，也可能是兩個月，我會用一種全新的眼光來看它。這是很美妙的時刻，我拿著斧頭就開工了。不過並非總是如此，有時候，我會覺得它差不多就是我想要的樣子。

評：那如果要改，你會怎麼做呢？

米：要改的話，我會用鋼筆和墨水把要改的部分標出來，劃掉、插入。改完之後的手稿看起來漂亮極了，像巴爾扎克的稿子。然後我會重新打一遍，在重打的過程裡，我還會改動一些地方。我喜歡自己親自動手重打原稿，因為就算已經把所有想要修改的地方都改好了，單純敲打鍵盤的機械動作所帶來的手指的觸感，都會讓我產生很多新的想法，然後發現自己在修改已完成的東西。

評：你的意思是，你和打字機之間會有奇妙感應？

米：是，從某種程度上說，打字機扮演著興奮劑的角色。這是一種合作關係。

評：在《我一生中的書》裡面，你說大多數作家和畫家幹活的時候，姿勢都是很彆扭的，你認為這樣有助於創作嗎？

米：我是這麼想。不知怎麼的，我就是覺得，作家或者畫家幹活的時候絕對不會想要把自己弄得舒舒服服。可能這種不舒服，也是一種幫助或者說興奮劑。哪怕明明可以舒服一點，人們往往會選擇在悲慘條件下幹活。

評：這種不舒服有時候會不會是心理層面的？比如像杜思妥也夫斯基那種……

米：這我可不知道了。我知道杜思妥也夫斯基總是苦大仇深的樣子，但你沒法說他是故意跟自己過不去。不，我不太相信他是那樣的。我不認為任何人會那樣對自己，除非是無意識的。我倒是覺得，很多作家有一種你或許會稱之為心魔的天性。他們總是把自己搞得一團糟，你知道的，不僅僅是在寫作的時候，也不僅僅是因為寫作，而是在生活的方方面面，婚姻、愛情、事業、錢，一切。全部都給拴在一起了，所有的東西都打在一個包裡。這是創造型人格的一種表現。不是所有的創造型人格都是這樣，但有一些是。

評：你曾經在一本書裡提到過「口述」這種寫作狀態，說有點兒像著了魔，說那些字像是自己從你嘴裡蹦躂出來的，這是怎麼回事？

米：這個，其實只在極少有的時候發生過，這種口述，像有人接管了你的大腦，你只是把那人說的話照著念出來。這在我寫一本關於 D.H. 勞倫斯的書期間發作得最厲害。那本書就一直沒寫成——因為我得思考太多東西。你看，我覺得思考不是件好事兒。一個作家不應該思考太多。偏偏那是一本不思考就沒辦法寫的書。我對思考這事不怎麼在行。我寫東西，是用本能，所以寫的時候，我並不能確切知道會寫成什麼樣子。我知道我想寫什麼，但不是那麼確定該怎麼來說。可是在那本書裡，我要和很多想法搏鬥；它必須有一定的形式、意義什麼的。我做了好一陣子，我想，有整整兩年吧。我完全沉浸進去，著了魔，無法丟開。我甚至沒辦法睡覺。好吧，就像我前面說的，在那段時間裡，口述附體的情況發生得比較多。寫《南回歸線》的時候也發生過，寫其他書的時候也碰到過。我覺得那些段落特別棒，不知道其他人有沒有注意到。

評：那些就是你稱之為「華彩樂章」的段落嗎？

米：對，我是用過這個說法。所謂華彩樂章，就是那些狂暴的段落，一個詞緊接著一個詞傾倒出來。我不確定還能不能繼續這樣寫東西。當然，我想寫作就應該一直是這樣的才對。你看這就是東方與西方在思維方式、行為模式以及修行方法本質的不同，重大差異。比方說，一個禪宗高手要做點什麼之前，他會先用很長一段時間來修行、冥想、做準備，深思熟慮這件事，然後無念無聲無我無這個那個——這個過程可能要幾個月時間，也可能要幾年。然後，他動手了，像閃電，直接命中目標——完美。好吧，我覺得，所有的藝術品都應該是用這種方式創造出來的。可是誰這麼做了呢？我們的生活總是和我們的信念背道而馳。

評：作家有沒有一套特定的訓練方法，像禪宗劍客那樣的？

米：哎呀，方法當然有，可是誰會這麼做呢？不管是有意還是無意，每個藝術家終究都要修行的，以這樣或者那樣的方式。每個人都有自己的道路。畢竟，絕大部分寫作都不是用打字機完成的，甚至不是在桌子上完成的。我想說的是，大多數時候，寫作是一件無聲無息的事，就在你走路的時候、刮鬍子的時候、玩遊戲的時候，或者做著其他隨便什麼事的時候，甚或是在和無關緊要的人有一搭沒一搭說話的時候。你在寫東西，你的大腦在寫東西，就在你意識的背後。那麼，你在打字機前面做的事情，其實和轉帳差不多。

評：你前面說過，你身體裡面有什麼東西附體。

米：是，沒錯。聽著，誰寫了那些偉大的書？不是簽上名字的我們。藝術家是什麼？就是那些長著觸角的人，知道如何追逐空氣中宇宙中湧動的電流的人，他們只是靠著他們的機敏，從來就是如此。哪個人是原創的？我們做過的每一件事、閃過的每一個念頭，都是現成就有的，我們無非只是一種媒介，讓空氣中的某些東西變得有用的媒介，如此而已。為什麼偉大的思想、偉大的科學發現，總是同一時期在世界上不同的地方爆發？它們是如何誕生的，一首詩、一部偉大的小說或者任何一種藝術，也就是怎樣誕生的。它們就在空氣中，只是不會說話罷了。它們需要一個人、一個翻譯員，讓它們現形。嗯，確實還有一種情況，沒錯，有些人超越了他們的時代。但是如今看來，超越時代的人，我覺得不大可能是藝術家，而會是那些科學家。藝術家拖著腿慢吞吞走在後面，他們的想像力根本跟不上科學家的腳步。

評：有些人為什麼特別有創造力呢？威爾遜（Angue Wilson）說，藝術家寫作是因為受了某種創傷，他用他的藝術作為某種治療，這樣就不至於徹底失心瘋。另一方面，赫胥黎（Aldous Huxley）卻有完全相反的看法，說作家的心智非得同一般人健全，要是不幸有神經衰弱的毛病，會成為寫作的障礙。你對這個問題怎麼看？

米：我覺得每個作家的情況不太一樣。我不認為作家可以作為一個整體一概而論。作家，說到底是人，和其他人一樣的人。他可能會神經質一些，也可能不會。我是說，這種神經質，或者不管他們把他的這種性格特徵叫什麼，並不能為他的寫作加分或者減分。這兩者之間的關係，比那要神祕複雜得多。這個問題，我碰都不想去碰。我說了，一個作家，是長觸角的人。要是他真知道自己是怎麼回事，他會非常謙卑。他會意識到，自己是被某種才能附體的人，命中註定要用這種才能為他人服務。他沒什麼可以得意的，他的名字一文不值，他的自我就是零，他只是一架樂器，這樣的樂器還排了好長一列。

評：你是什麼時候發現自己擁有這種才能的？最開始寫作是什麼時候？

米：我肯定是在為西聯工作[2]的時候開始寫東西的。發現自己的才能，當然是在寫第一本書的時候，無論如何都可以這麼說。那時候我還寫點其他小東西，但是真正的創作應該是在離開西聯之後，就是一九二四年，我決定成為一個作家，全身心投入寫作。

評：那麼說來，《北回歸線》出版之前，你已經寫了十年？

米：差不多，是這麼回事。那段時間裡我還寫了另外兩三本小說。確切地說，《北回歸線》是我寫的第三本小說。

評：能告訴我一些那時候的事嗎？

米：嗯，其實在「殉色三部曲」——《色史》、《情網》、《夢結》裡面已經寫了很多那時候的事情。《夢結》的後半本裡也有不少。我把那段時間的苦水一股腦兒地倒出來了——我的物質生活、我的困境。我像條狗那樣寫啊寫，同時還——怎麼說呢，很迷茫。那段時間，我不知道自己到底在幹什麼，我不知道自己到底想要什麼。我應該寫一部小說，就是這本偉大的小說，但實際上我那時候沒寫出什麼東西來。有時候一天也寫不了三、四行。我妻子晚上回到家，問我，「寫得怎麼樣了，嗯？」（我從不讓她看打字機裡的東西。）我會說：「噢，寫得正高興呢。」「那現在寫到哪兒了？」這下，你才想起來，感覺好像已經寫了很多，可能實際上只有三、四頁，不管怎麼樣，我都會說得好像已經寫了一百頁或者一百五十頁的樣子。我會接著說我寫了什麼什麼，就在跟她說話的同時構思我的小說。她會聽我講，鼓勵我，心裡十分清楚我是在騙她。隔天，她回家來會說：「前幾天你說的那段，後來怎麼樣了？」而這徹頭徹尾是個謊言，你看，我和她，兩人誰也沒說真話。奇妙，實在是奇妙……

評：你是什麼時候開始把所有這些自傳體小說作為一個整體來考慮的？
米：是在一九二七年，那一年我妻子去了歐洲，撇下我孤身一人。我在皇后區的市府公園處找了份活兒，有一天，下班之後，我本該回家的，卻突然被一個念頭占住了，想要構思一本關於自己的生活的書，然後做了整整一個通宵。我現在已經寫出來的所有東西，都在那個計畫裡面，打了有四十也不知道是四十五頁紙。用筆記的形式寫的，電報風格。不過整件事情已經有了雛形。從《南回歸線》開始到「殉色系列」，我寫的全部東西都是在寫那七年，就是我和這個女人一起生活的七年，從我遇到她開始，到我去歐洲。《北回歸線》不算，那個寫的是那時當下的處境。那個晚上，我並不曉得自己什麼時候會離開，但是知道自己遲早是要走的。那是在我作家生涯中至關緊要的一段時間，就是離開美國前的那陣子。

評：杜雷爾說一個作家要在寫作上有所突破，需要傾聽自己內心的聲音，這話實際上是你說的吧？
米：是，我想是的。不管怎麼說，對我來說，《北回歸線》就是這麼回事。在那之前，你完全可以說，我是一個毫無創意的作家，受到所有人的影響，從每一個我喜歡的作家那裡抄點東西，學他們的腔調、作品的色調。我就是個文學青年，你可以這麼說。後來我不是了：我剪斷了束縛。我說，我只做力所能及的事，絕不偽裝，是什麼樣就寫什麼樣——我用第一人稱，寫的都是自己的事，就是這原因。我決定從我自己的經驗出發來寫，寫我所知道的事情和感受。那是我的救贖。

評：你最開始寫的小說大概是什麼樣子的？
米：我能想像你會發現——而且很自然地，你一定會發現，那裡面有我自己的一些影子。可是那時候我很在意故事講得好不好，有沒有包袱可以抖。那時我更關心結構和敘述風格，而不是真正重要的、本質的、有生命力的東西。

評：那就是你所說的「文學青年」的模式？
米：對，那是過時、無用的東西，你得甩掉那層皮。文學青年必須被幹掉。自然而然，你並不想殺掉身體裡的那人，對想當作家的你來說，他可是非常重要的幫手，而且可以肯定的是，每個藝術家都會對技術入迷。但，你要記住，是「你」在寫東西，不是他。我後來發現一點，天底下最厲害的技巧，就是根本沒有技巧。我從來沒覺得自己必須牢牢掌握一套特別的寫作手法。我努力保持開放和靈活，隨時準備讓風帶走我，讓思緒帶走我。那就是我的狀態、我的技巧。你非要說的話，就是一定要既靈活又警惕，只要當時覺得是好的，就去弄。

評：在《致廣大超現實主義者的一封公開信》中，你說「我在美國進行超現實主義寫作那會兒，還沒聽說過這個詞呢！」那麼現在呢？你怎麼理解「超現實主義」？

米：我住在巴黎的時候，我們有一個說法，非常美國式的，從某種意義上來說是最好的說法。我們總是說，「我們來帶個頭。」那意思是，瘋狂投入去，潛進無意識，只遵從於你的本能，跟隨你的衝動、你的心，或者說那一股子勁，不管你把它叫做什麼都行。但這只是我的理解，不是正經八百的超現實主義教條。恐怕其他人並不能認同，布烈東（André Breton）就不會。不過，法國人的觀念、教條主義的觀念，對我來說沒什麼意義。我唯一關心的是，我從中發現了另一種表達方法，是過去沒有的，一種更高明的方法，但你得明智地去使用它。那些有名的超現實主義者使用這個技巧的時候，常常為了超現實主義而超現實主義，有點太過了，起碼在我看來是如此。它變得莫名其妙，派不上用場。一旦事情變得完全不可理解，那就失敗了，我是這麼覺得。

評：你所說的「進入夜生活」，是否就是指超現實主義？

米：可以這麼說。它首先是夢境。超現實主義者利用夢境，而且毫無疑問地，那種體驗有著不可思議的豐饒面貌。有意或無意，所有的作家都從夢裡面挖東西，就算不是超現實主義者也是如此。醒著的大腦，你也曉得，對於藝術來說是最沒有用處的。寫作的過程中，一個人是在拚命地把未知的那部分自己掏出來。僅僅只是把自己有意識的東西擺出來，毫無意義，真的，那是不成的。任何人只要稍微練習一下就能做到那樣，任何人都能當那樣的作家。

評：你把卡羅爾（Lewis Carroll）叫做超現實主義者，而且著名的卡羅爾式的胡言亂語有時也會出現在你的作品裡……

米：就是，就是，卡羅爾是我喜愛的作家。只要能寫出他那樣的書來，取走我的右臂作為交換都是可以的。哪怕只是稍微向他靠近一些，我都肯拿這隻寫字的手來換。等把手頭這個計畫寫完，如果還繼續寫的話，我會很樂意寫點完全而純粹的廢話。

評：那你怎麼看「達達主義」呢？有過接觸嗎？

米：有，對我來說，達達主義甚至比超現實主義還要重要。達達主義藝術家們做的那些東西，是真正意義上的革命。這是一種有預謀、有意識的努力，把台面上的東西和台面下的東西顛倒過來，讓你看到我們置身其中的生活有多麼瘋狂，我們以為有價值的東西其實全都狗屁不是。達達主義運動當中有一些極好的人，他們都有一種幽默感。他們做的東西會讓你發笑，也會讓你深思。

評：在我看來，你的《黑色的春天》就挺達達主義的。

米：確實如此。我那會兒特別敏感。剛到歐洲那會兒，我對所有正在發生的事情都感興趣。有一些東西，我在美國的時候已經有所瞭解，真的是這樣。在美國，我們讀到了《變調》（Transition）雜誌[3]，約拉斯（Jolas）這個不可思議的傢伙選了一些稀奇古怪的作家和藝術家，很多是我們從來沒聽說過的。我記得當時還看了很多了不起的東西，比如說，去軍械庫展覽會看杜象（Duchamp）的《下樓梯的裸女》，還有很多其他棒透的作品。我昏頭昏腦地喜歡上了這些東西，就像喝了酒一樣興奮。所有這一切都是我一直在尋找的，它們對我來說是那樣親切。

評：相比在美國或英國，你的作品在歐洲大陸總是獲得更好的理解和評價，你覺得是為什麼呢？

米：這個，開始的時候，是因為我在美國沒有什麼機會被人理解。因為我的書根本沒有在那兒出版。不過除此之外還有個原因——儘管我百分之百是個美國人（我一天比一天更清楚這點），我和歐洲人更好溝通些。我能跟他們交談，更容易表達自己的想法，更快地被理解。我和他們處得更好些，比和美國人感覺好。

評：你在關於帕琛（Patchen）的書裡講到過，一個拒絕妥協的作家在美國是永遠不會被接受的，你真的那麼想嗎？

米：是，現在更是如此。我感覺美國本質上是站在藝術家的對立面，藝術家是美國的敵人，因為藝術家代表的是個體和創造性，不曉得為什麼，這和美國格格不入。我覺得在所有的國家當中——當然不包括共產主義國家，美國是最機械化、自動化的國家，其他都要好一些。

評：在三〇年代，什麼東西是你在巴黎找得到而在美國找不到的？

米：首先，我想我找到了一種在美國無法想像的自由。我發現跟人們交流容易多了——也就是說，我找到了能愉快地與之交談的人。我在這裡碰到更多的同類。最重要的是，我感覺到他們的寬容。我並不要求理解或者認可，能容忍我，已經足夠。在美國，我從未有這種感覺。不過那時候，歐洲對我來說是個新世界。我猜其實在任何一個地方都會感覺挺好——只要去別的地方，完全不同的世界，當外國人。因為我這一輩子，真的是，也可以說是心理意義上的—— 該怎麼說呢，很怪，我總是喜歡在別處。

評：換句話說，如果你一九三〇年去了希臘而不是一九三九年去的，那你找到的東西會一樣嗎？

米：可能不會是一樣的東西，但我還是會在那裡找到表達自我、解放自我的方法。或許不會成為現在這樣一個作家，但是我感覺一定會找到自己。在美國的話，我很可能就被逼瘋了，或者會自殺。我感覺完全是孤立的。

評：那大瑟爾怎麼樣？你覺得那裡的環境舒服嗎？

米：哦，不，那兒什麼都沒有，除了大自然。孤身一人，恰如我所願。我待在那裡，就因為那是一個與世隔絕的地方。我早就學會隨遇而安地寫作。大瑟爾是極好的換換腦子的地方。我完全把城市拋諸腦後。我受夠了城市生活。當然了，大瑟爾這地方，並不是我的選擇，你曉得吧。某天，有個朋友把我帶到那兒，然後將我丟在路邊。他走的時候說，「你去見一個什麼什麼人，她會讓你住上一晚，或者一個星期，這地方很不錯，我想你會喜歡。」然後我就愛上它了，就這麼回事。在那之前，我從沒聽說過大瑟爾這個地方。我以前知道有瑟爾角，因為我讀過傑弗斯（Robinson Jeffers）。我是在巴黎的圓頂咖啡館看他那本《瑟爾角的女人》——這輩子都忘不了。

評：你一向都是都市寫作，怎麼會突然以這樣一種方式回歸自然呢？
米：這個嘛，你看，我本質上是個中國人。你曉得不，在中國古代，藝術家、哲學家老了之後，會隱退鄉間，生活並靜思。

評：但你是因為誤打誤撞？
米：完全是這麼回事。不過，你看，我這輩子裡所有重要的事情都是這麼發生的——純屬意外。但我也不相信這世界上有那麼多意外。我相信，種瓜得瓜，種豆得豆。要我老實回答的話，我覺得一切答案都在我的星座裡。對我來說，這是明擺著的事。

評：你後來為什麼再也沒回巴黎住過？
米：原因有好幾個。首先是，我到大瑟爾不久就結婚了，然後有了幾個小孩，然後沒有錢，然後的然後，也因為我愛上了大瑟爾這個地方。繼續巴黎的生活，那樣的想法，我完全沒有，那都結束了，大多數朋友都不在了，戰爭毀壞了一切。

評：斯泰因說，住在法國讓她的英語得到淨化，因為她平時不再使用這種語言，而且這讓她找到了自己的語言風格。你在巴黎的生活是不是也對你產生了這樣的影響？

米：不完全是，但是我明白她的意思。當然我在那兒的時候，說的英語比斯泰因多得多。換句話說，基本上不說法語。不過，法語還是一直對我有很大的影響。每天聽人家講另一種語言，會讓你自己的語言變得銳利，讓你意識到以前無法察覺的微妙之處。而且，隨之而來的輕微的遺忘感，會讓你產生更加強烈的願望，要去抓住那些特定的措辭和表達。你更能意識到自己的母語。

評：你和斯泰因有過某種接觸嗎？或者她的圈子？

米：沒有，一點都不搭界。從來沒碰到過她，也不認識她那個圈子的任何人。不過那會兒我和任何圈子都不熟，你可以這麼說。我一直都是一匹孤獨的狼，總是遠離團體、圈子、門派、同人社、主義或者這類的東西。我認識幾個超現實主義者，不過從來不是任何超現實主義團體或任何團體的成員。

評：你在巴黎認識什麼美國作家嗎？

米：我認識路溫菲爾斯（Walter Lowenfels）、派特南（Samuel Putnam）、弗蘭克爾（Michael Fraenkel）、安德森（Sherwood Anderson）、帕索斯、史坦貝克，還有薩洛揚（Saroyan），都是後來碰到的，回美國後。我和他們也就接觸過幾次，不是太熟，算不上有什麼真正的來往。就我見過的美國作家來說，安德森是我認為最出色也是最喜愛的。帕索斯是個熱情的小夥子，人很好，不過安德森——唔，我以前就極愛他的作品、他的風格、他的語言，最開始看的時候就是。我也喜歡這個人——儘管對於大部分的事情都是意見相左，尤其是關乎美國的看法。他愛美國，他熟悉這個國家，他愛美國的人和與之有關的一切，我正好相反，但我喜歡聽他講對美國的感受。

評：你認識什麼英國作家嗎？你和杜雷爾還有波伊斯（Powys），已經是老朋友了，對嗎？

米：杜雷爾，絕對是，不過那會兒我並不怎麼把他當做英國作家，我覺得他並不像是個英國佬。波伊斯，當然也是。他曾經對我影響很大，不過當時我可不認識他，一點兒沒來往。我怎麼敢！我狗屁不是而他是偉人，你明白吧。他曾是我的上帝、我的導師、我的偶像。我二十來歲的時候見過他幾回。當時他在紐約的勞工之家，還有庫珀聯合學院那樣的地方做講座，去聽一次只要十美分。大概三十年後，我去威爾斯拜訪他，發現他竟然知道我的書。讓我更為吃驚的是，他似乎還挺看得起我的書。

評：你那時候還認識歐威爾（Orwell），是嗎？

米：我碰到過歐威爾兩三次，每次都是他來巴黎的時候。他不算是我的朋友，只是點頭之交。不過我瘋狂喜歡他那本書，《巴黎倫敦落魄記》，我覺得那是部經典。我現在還是認為，那是他最好的書。雖然他某種程度上是個很不錯的傢伙，我指歐威爾，可說到底，我還是覺得他有點蠢。他像很多英國人一樣，是個理想主義者，而且，在我看來，是個愚蠢的理想主義者。一個有原則的人，我們也可以這麼說。有原則的人讓我覺得無趣。

評：你對政治好像不怎麼關心？

米：有什麼可關心的？在我看來，政治就是一個完全爛透、散發著惡臭的世界。我們從那兒什麼也得不到。任何東西跟它沾邊就變味兒。

評：就算是像歐威爾這種政治上的理想主義者？

米：特別受不了這種！政治上的理想主義者缺少一種真實感，而政治家首先得是現實主義者。這些有理想有原則的人，他們全都弄錯了，這是我的看法。想搞政治的人，不能有太多教養，得有點兒殺人犯的素質，隨時準備好並且樂意看到人們被犧牲掉、被屠殺掉，僅僅為了一個或善良或邪惡的念頭。我的意思是，像這樣的人才會飛黃騰達。

評：歷史上有沒有什麼偉大的作家是你特別感興趣的？你研究過巴爾扎克、韓波和勞倫斯，是不是某一類作家特別吸引你？

米：很難這麼說。我喜愛的作家很雜。他們是那種超越了作家的作家。他們都具有神祕的 X 特質，這種特質很抽象很玄妙，很那個什麼——我不知道該怎麼形容它，反正就是比文學的範疇稍微再多那麼一點的東西。你看，人們閱讀是為了獲得愉悅，為了消磨時間，或者是為了受教。現在，我讀書，再也不是為了消磨時間，再也不是為了受教了。我讀書，是為了忘記自我，沉醉其中。我總是在尋找可以讓我靈魂出竅的作家。

評：你能說說為什麼一直沒能完成 D.H. 勞倫斯那本書嗎？

米：嗯，答案很簡單。越深入這本書，我越不明白自己在幹什麼。

我發現自己陷入了一大堆自相矛盾。我發現，其實我並不真正瞭解勞倫斯是怎麼樣一個人，不知道他到底是怎麼一回事，不知道怎麼來搞他，就是寫了一陣之後，我不知道該拿他怎麼辦了。我變得完全不知所措。我把自己帶進一個叢林，找不到出來的路，所以只好放棄這件事。

評：但是你寫韓波沒遇到這樣的麻煩？
米：沒有，這真是太古怪了。他的個性完全是個謎，沒錯。但另一方面，韓波的書裡沒有那麼多讓人糾結的想法。勞倫斯絕對是個很有想法的人，他把他的文學掛在那些想法構成的架子上。

評：你並不完全贊同勞倫斯的想法，是嗎？
米：不，不是所有的都贊同，但我欽佩他的追求、他的探索、他的掙扎。而且勞倫斯有很多東西，我是認同的。另一方面，勞倫斯也有很多東西，讓我覺得好笑，那些有點荒謬有點愚蠢有點魯莽的東西。今天來看他，我看得更清楚一些，但我不再覺得把這些看法說出來有多麼重要了。那時候他對我來說意味著一些什麼，我完全落入了他的手掌心。

評：嗯，現在，我想我們得談談關於色情描寫和淫穢手法這個問題了。希望你不會介意。不管怎麼說，你在這方面被認為是權威。你以前是不是在某個場合講過「我贊成淫穢但反對色情」這話？
米：唔，其實很好區分。淫穢會是很直接的，色情是拐彎抹角的。我的信念是有一說一有二說二，可能結果會讓人不舒服，有時不可避免地會讓人討厭，但絕不粉飾。換句話說，淫穢是一個淨化的過程，而與之相反，色情是越描越黑。

評：哪種意義上的淨化？
米：一旦禁忌被打破，就會有好東西出來，更有生命力的東西。

評：所有的禁忌都是不好的嗎？
米：對原始人來說不是這樣。原始社會的禁忌是有道理的，但在我們的生活中，在文明社會裡，禁忌是沒有道理的。禁忌，在這裡，是危險而病態的。你看，現代人的生活並不遵循道德準則或任何原則。我們談論禁忌，就是嘴皮子動動，但是沒人真的相信這些。沒人真的實踐這些規則，它們在我們的生活中是找不到的。禁忌，說到底只是歷史的殘留物，是一些腦袋破掉的人想出來的東西。你或許可以說，是一些可怕的人想出來的東西，這些人缺乏生活的勇氣卻道貌岸然地活著，還想把這些東西強加於我們。我眼中的世界，這個文明世界，大部分是沒有信仰的世界。對現代人有影響的信仰，都是不真實而且偽善的，都和這些信仰的創始者的本意背道而馳。

評：不過，你自己卻是很有信仰的人。
米：是的，但不信奉任何宗教。那是什麼意思？意思就是對生命存有敬畏，信仰生，站在生這邊而不與死併肩。此外，「文明」這個詞語，在我腦子裡總是和死亡聯繫在一起。每次我用到它的時候，就會想起一個胖到不能再胖、連動作也變得笨拙的人。對我來說從來就是如此。我不相信什麼黃金年代，你知道吧。我的意思是，對少數人來說，確實存在所謂的黃金年代、少數菁英分子的黃金年代；而對大多數人來說，生活總是不幸的，人們迷信而愚昧，被踐踏，被教堂和政府壓制。我現在依然是史賓格勒的忠實信徒，再沒有比他說得更透徹的了。他把文化和文明對立起來。文明，就是得了動脈硬化症的文化。

評：大約十年前，杜雷爾給《地平線》雜誌寫過一篇關於你的文章，其中談到淫穢是一種技巧。你把淫穢當做一種技巧嗎？

米：我想我明白他的意思。我想他是指它觸碰到讀者的神經了。嗯，或許我潛意識裡是想要這樣，但我從來不是故意去那樣使用它。我運用淫穢就像我用其他方式說話一樣自然。它就像呼吸，是我整個節奏的一部分。有些時候你是淫穢的，也有其他一些不淫穢的時候。不管怎麼說，我並不認為淫穢是最重要的元素。但是，它是很重要的元素，而且你決不能抗拒它、忽視它，或者壓制它。

評：它也有可能被濫用……

米：有可能，不過這又有什麼壞處呢？我們到底有什麼可焦慮，有什麼需要害怕的呢？文字，不過是文字，裡面有什麼東西會嚇到我們？是思想嗎？就算它們很讓人厭惡，我們難道是一群膽小鬼嗎？還有什麼東西我們沒有面對過？我們難道沒有過瀕臨毀滅的時刻並一再經歷戰爭、疾病、瘟疫和饑荒？被濫用的淫穢，怎麼就威脅到我們了呢？危險在哪兒？

評：你曾經批評過，和美國平裝本中充斥的暴力相比，淫穢顯得相當溫和無害。

米：是，所有這些反常的虐待狂式的描寫，我都極其討厭。我總是說，我的描寫很健康，因為它們是愉悅而自然的。我從來不表達那些超出人們日常語言和行為的東西。我的語言從哪兒來？不是從禮帽裡變出來的。我們生活在其中，每天呼吸著它，人們只是不肯承認它的存在罷了。書面語言和口頭語言為什麼非要不一樣？你知道嗎，我們從前並沒有這種禁忌。英語的文學歷史當中，曾經有過一個時候，幾乎任何東西都被允許。只是最近兩、三百年，我們才有了這種噁心的態度。

評：可是，我們發現，亨利・米勒用過的一些詞，就連喬叟都沒用過。

米：但你也會發現其中有很多快樂的東西，健康的本能、非常自由的語言。

評：《巴黎評論》上有一篇杜雷爾的訪談，他說現在回過頭去看《黑皮書》，覺得有點過於淫穢了，你怎麼看？

米：他這麼說？嗯，要我說，那正是最對我胃口的部分。我第一次讀到那些描寫的時候，我覺得它們棒極了。我現在還是這麼認為。他可能是在說反話呢，杜雷爾這傢伙。

評：你為什麼會有那麼多性描寫呢？性對你來說意味著什麼？它有什麼特別的意義嗎？

米：這可不好說。你知道嗎，我覺得我寫的意識流廢話，就是被那些視我為洪水猛獸的評論家稱為「胡言亂語」的東西，跟性描寫一樣多。只不過他們眼睛只盯著性描寫而已。不，我無法回答這個問題。我只能說，它是我生命中一個重要的部分。我的性生活很好很豐富，而且我看不出有任何省略的必要。

評：在某種意義上，這是和你在紐約的生活的一種決裂嗎？

米：不是，我不這麼想。不過事情是這樣的——在美國生活過之後，你在法國會清楚地意識到，性無處不在。它就在那兒，在你周圍湧動，像液體。我現在可以肯定，美國人對性關係的體驗，和其他任何人類一樣，也有強度、深度和多樣性，但是，不曉得怎麼回事，它不會像空氣那樣包圍你。然後還有一點，在法國，女人在男人的生活中扮演了更為重要的角色。女人在那兒更有地位，女人是被重視的，女人是被當做人來交談的，而不僅僅是一個妻子或者情人或者什麼玩意兒。除此之外，法國男人還特別喜歡跟女人待在一起。在英格蘭和美利堅，男人好像只有在一群男人當中才比較自在。

評：不過你在修拉小屋的生活還是很男性化的。

米：確實如此，不過總也少不了女人。天下沒有不散的筵席，這是真的，不過友情卻一輩子長存。這也是我的星座特徵：我註定會有很多朋友。這或許是我生命中最重要的基因，而且或許我不想這樣都不行。從我開始寫作，我就逐漸意識到別人對我有多麼好。我這一輩子總是獲得幫助，有的來自朋友，有的來自素不相識的人。當我有這麼多朋友的時候，還需要錢幹什麼呢？要是一個人有這麼多朋友，還能有什麼不滿足呢？我有很多朋友，非常好的朋友、一輩子的朋友。只是，現在我正在失去他們，他們一個個地去了另一個世界。

評：那我們不談性了，來說點兒畫畫的事吧。現在我們知道，你差不多是在二〇年代中期開始爆發寫作的衝動，開始畫畫也是那時候嗎？

米：差不多前後腳的事情。我記得大概是一九二七年或是一九二八年開始的。不過不像寫作那麼當回事，那是肯定的。寫作的欲望在我生命中是一件很重大的事情、非常大。如果說我一直到很晚才開始寫作——我真正開始寫東西是在三十三歲的時候，那並不等於之前我沒有想過這件事。之前我只是一直把寫作放在一個很高的位置上，覺得我沒有那個能力去寫，對能否成為一個作家、一個好作家沒有自信。我甚至都不敢想像自己可以是那樣一個人，你明白嗎？嗯，畫畫對我來說就不是這麼回事。我發現自己還有另外一面可以發揮，畫畫帶給我很多樂趣，它是消遣，是其他事情之餘的休息。

評：你現在還在玩這個嗎？

米：哦，當然，只是玩玩。

評：可是，你有沒有發現藝術之間有一些基本的東西是相通的？

米：正是如此！如果你在某方面表現出具有創造性，那你在其他方面也是如此。其實最開始，你知道嗎，對我來說最重要的東西是音樂。我彈過鋼琴，當時想成為一個好的鋼琴家，不過在那方面我缺少天賦。儘管如此，音樂對我還是影響很大。甚至可以說，音樂對我的意義，比寫作和畫畫都要大，它一直在不知不覺中影響著我。

評：你有一陣對爵士樂特別有感覺。

米：有過。不過最近沒那麼熱衷了。我現在覺得爵士樂滿空洞的，太狹隘了。就像我對電影的發展感到痛惜，我也痛惜爵士樂的命運。它越來越機械了，沒有足夠的發展，乾癟了。它像是在給人灌雞尾酒，而我想要葡萄酒和啤酒，也要香檳和白蘭地。

評：三〇年代你寫過幾篇關於電影的隨筆，你有過實踐這種藝術的機會嗎？

米：沒有，不過我還抱著希望，沒準會遇到一個給我這種機會的人。我最痛惜的是，電影的技巧從來沒有獲得充分的挖掘。它是一種充滿了各種可能性的詩意的媒介。想想看我們的夢和幻想吧。可是我們有幾次能得到那樣的東西呢？偶爾摸到一點邊，我們就目瞪口呆了。然後想想看我們掌握的技術設備吧。可是我的老天哪，我們甚至都還沒用到它們呢。我們本該可以創造出驚人的奇蹟、奇觀，無限的歡樂和美好，結果我們得到了什麼呢？全都是垃圾。電影是所有媒介中最自由的，你可以用它製造奇蹟。事實上，我熱切期盼著文學被電影取代的那一天，到時候就不再有閱讀的必要了。你會記住電影裡的那些面孔，還有表情和動作，而讀一本書是無法讓你記住這些的。如果電影足夠吸引人，你會完全讓自己陷進去。就算是聽音樂的時候，你也不可能那樣投入。你去音樂廳，環境很糟糕，人們打著哈欠，或者索性睡著了，節目單太長，還沒有你喜歡的，諸如此類，你明白我的意思。可是在電影院裡，坐在黑暗中，影像來了又消失，這就像是——你被一場流星雨擊中。

評：你這是在說《北回歸線》的電影版嗎？

米：這個事嘛，有所耳聞。是有一些提議，不過我想像不出誰有本事把那本書拍成電影。

評：你想親自來做這件事嗎？

米：不，我不會。因為我覺得，把那本書拍成電影基本上是不可能的任務。我在那裡面找不到故事，這是其一。其二，它太依賴語言本身。把這種火熱的語言轉換成日語甚或土耳其語，沒準有人能僥倖成功。我想像不出用英語怎麼表演，你能嗎？電影一定是生動而有形的媒介，總之，是圖像組成的東西。

評：你當過坎城影展的評委，對嗎，就在去年？

米：是，儘管我是個相當可疑的人選。法國人大概是想通過這種方式表達對我作品的喜愛。當然他們知道我是個影迷，不過當一個記者問我是否還喜歡電影時，我不得不說，我已經基本不看電影了。在過去這十五年裡，我幾乎就沒看到過什麼好電影。但有一點是肯定的，我在內心深處依然是一個影迷。

評：嗯，你現在還寫了一個舞台劇，你對這種媒介怎麼看？

米：我始終希望能搞定這種媒介，可是一直沒有勇氣。在《夢結》裡面，就是我住在地下室裡奮力寫作的那段生活期間，有一段描寫，非常逼真，講我如何努力想寫一個關於那段時間生活的舞台劇。我到底沒能寫完它。我想最多完成了第一幕吧。我在牆上訂了一份精心製作的提綱，而且一說起它就眉飛色舞，但就是寫不下去。

我剛寫的那個劇本，是從禮帽裡掉出來的，可以這麼說。我正好是在一個很少有的狀態裡：無事可做，無處可去，沒什麼東西吃，沒人在身邊，於是我就想，幹嘛不坐下來試試呢？開始的時候都不知道自己在幹什麼，詞語就跑出來了，我也就順其自然，基本沒費什麼勁兒。

評：是講什麼的？

米：什麼都講，但也什麼都沒講。我不認為它講什麼有多重要，真的。是那種鬧劇，或者說滑稽戲，有超現實主義的元素。然後裡面還有音樂，背景音樂，從自動唱片點唱機裡出來，飄蕩在空氣中。我不覺得它有多大價值。關於它，最多只能說，你看了會睡不著的。

評：你覺得你會繼續寫出更多的舞台劇嗎？

米：我希望如此，是的。下一個將會是悲劇，或者是那種會讓人哭泣的喜劇。

評：你現在還寫點其他什麼呢？

米：其他什麼也不寫。

評：難道你不打算繼續寫《夢結》第二卷了嗎？

米：哦，是，沒錯，那件事我不得不做。可是那個還沒開始呢。我試過幾次，不過都放棄了。

評：你剛才說，你不得不做？

米：啊，是啊，從某種意義上來說，我必須完成我的計畫，就是我一九二七年做好的那個計畫。《夢結》是它的終點，你明白嗎。我想，之所以遲遲不把它寫完，有一部分原因就是我不想讓這個計畫結束。結束就意味著我非得轉身，尋找一個新的方向，發現一片新的領域，就像過去曾經發生的那樣。因為我已經不想再寫我的個人經歷了。我寫了這麼多自傳體小說，並非因為覺得自己有多重要，而是——你可不要笑——因為最開始的時候，我覺得自己經歷了天底下最悲慘的事，而我要寫的故事是一個前所未有的人生悲劇。隨著書一本接一本地寫，我發現自己算不上什麼真正的悲劇人物，頂多是個業餘愛好者。當然我確實有過非常悲慘的經歷，但我不再覺得那有多麼糟糕了。這也是為什麼我把這個三部曲叫做「殉色」——玫瑰色的磨難的原因。我發現這種磨難對我是有益的，它打開了通往快樂生活的大門，就在你經受磨難的過程中。當一個人被釘上十字架，當他犧牲了自己，心房會像花兒般開放。當然你並沒有死掉，沒人真的會死，死亡並不存在，你只是進入了一個新的視野層面、新的意識領域、新的未知世界。就像你不知從何而來，你也不知會去往何處。但是，那兒是有點兒什麼的，前生和來世，我堅信這點。

評：這麼多年來，你一直處於有創造性的藝術家常常會遭遇的困境，現在成了暢銷書作家，你是什麼感覺？

米：我真的對此毫無感覺。整件事情，對我來說缺乏真實感。我沒覺得這事跟我有什麼關係。實際上，我還有點兒不喜歡這樣。它不能帶給我快樂。我知道的只是，我的生活更常被打斷、被侵入，增添了更多無價值的東西。人們關心的，是我已經不感興趣的東西。那書對我來說已經不再有任何意義。人們認為，他們都激動了，我也該激動。他們認為，經過這麼多年我終於被認可，對我是件重要的事情。好吧，其實我覺得我很早就已經被認可了，起碼是我在意他們認不認可的那些人。被一幫烏合之眾認可，對我來說沒有任何意義。事實上，這還是件相當痛苦的事。因為，這種認可是建立在誤解的前提下。那不過是一種獵奇心理，並不意味著我真正的價值獲得讚賞。

評：你始終知道自己會獲得成功，書賣得好不過是成功的表現之一。

米：是的，確實如此。但另一方面，難道你不明白嗎，真正的讚譽只能來自於那些和你同一個層次的人，來自你的同伴。只有這個是要緊的，而我早已得到它了，我知道這點已經有幾年了。

評：你的書裡面，哪本你覺得寫得最滿意？

米：我總是說《瑪洛西的大石像》。

評：評論家，我是說大部分，認為《北回歸線》是你最傑出的作品。

米：這個嘛，當我重讀《北回歸線》的時候，我發現它比我自己原來印象中的要好。我喜歡它。事實上，我有點吃驚。我已經好多年沒看過它了，你知道嗎。我覺得它是一本非常不錯的書，具有某些恆久的品質。但寫出《大石像》的我，是另一個層次的生命。我喜歡它的地方在於它是一本愉快的書，它表達愉快，提供愉快。

評：《天龍座和黃道》這本書後來怎麼樣了？你幾年前提過。

米：沒怎麼樣。我都忘了這回事了，不過沒準哪天我又開始寫了，這總是有可能的。原來的想法是寫一個小冊子，解釋一下我寫了這麼多關於自己生活的書，到底是為什麼。換句話說，是要把已經寫的東西丟在腦後，想再說說清楚，自己本來想要寫什麼東西。是想通過這樣一種方式，從作者的角度，給出對作品的某種理解。你也知道，作者的角度也是眾多角度的一種，而他對自己作品的理解和看法，已經被其他人的聲音淹沒了。他真的像他想像的那樣瞭解自己的作品嗎？我可不這麼想。我倒覺得他就像是個靈媒，當他回過神來，他會對自己說過的話、做過的事感到驚奇。（王岳杭／譯）

（原載《巴黎評論》第二十八期，一九六二年夏／秋號）

1 大瑟爾（Big Sur）：美國加州西部的風景區，又譯為大南方岬。《大瑟爾》全名為《大瑟爾與希羅尼穆斯·波許的橘子》，是亨利·米勒在二十世紀五〇年代創作的一部文集，集散文、雜談、逸事及故事於一體，整部作品所圍繞的中心就是作者在大瑟爾的生活。

2 二十世紀二〇年代初，亨利·米勒在西聯電報公司當人事經理。

3 《變調》，一九二七年由尤金·約拉斯創刊的文學雜誌，宣導「現代精神」，刊登了十八節《芬尼根守靈》和貝克特、斯泰因、卡洛斯及紀德等人的作品後，名聲鵲起。約拉斯夫婦也是喬伊斯的摯友。

弗拉基米爾 · 納博科夫
Vladimir Nabokov

peace, and of nights with her, the red blaze of her hair spreading all over the pillow, and, in the morning, again her quiet laughter, the green dress, the coolness of her bare arms.

In the middle of a square stood a black wigwam: ~~they were working on~~ the tram tracks were being repaired. He remembered how he had got today under her short sleeve, and kissed the touching scar from her small-pox vaccination. And now he was walking home, unsteady on his feet from too much happiness and too much drink, swinging his slender cane, and among the dark houses on the opposite side of the empty street a night echo clop-clopped in time with his footfalls; but grew silent when he turned at the corner where the same man as always, in apron and peaked cap, stood by his grill, selling frankfurters, crying out in a tender and sad bird-like whistle: "Würstchen, würstchen..."

Mark felt a sort of delicious pity for the frankfurters, the moon, the blue spark that had receded along the wire and, as he tensed his body against a friendly fence, he was overcome with laughter, and, bending, exhaled into a little round hole in the boards the words "Klara, Klara, oh my darling!"

On the other side of the fence, in a gap between the buildings, was a rectangular vacant lot. Several moving vans stood there like enormous coffins. They were bloated from tneir loads. Heaven knows what was piled inside them. Oakwood trunks, probably, and chandeliers like iron spiders, and the heavy skeleton of a double bed. The moon

納博科夫的寫作方式是先在索引卡上寫短篇故事、長篇小說，在寫作過程中時不時打亂卡片的順序，因為他不想按照情節發展的順序寫作。每張卡片都會重寫很多遍。寫完後，卡片的順序也就固定了。然後，納博科夫口述，由其夫人打字，最後輸出三份稿子。

弗拉基米爾・納博科夫跟妻子薇拉（Véra）住在瑞士蒙特勒（Montreux）的蒙特勒皇宮飯店，蒙特勒位於日內瓦湖畔，是上個世紀俄國貴族最喜歡的度假勝地。他們住在幾間相連的酒店房間裡，這些房間感覺就像臨時的流放地，一如他們美國的住宅和公寓。其中有一間是給兒子德米特里（Dmitri）來訪時住的，還有一個雜物間，放了各式各樣的東西：土耳其語和日語版的《羅麗泰》、別的書、運動裝備、一面美國國旗。

納博科夫一大早就起身工作。他總是在分類卡上寫作，之後逐步謄寫、擴寫、重組，直到這些卡片變成他的小說。蒙特勒天暖的時候，他喜歡曬太陽，在飯店附近一個公園的水池裡游泳。時年六十八歲的他體態敦實，不怒自威。他很容易開心，也容易著惱，不過還是開心的時候多一些。他的妻子是個毫不含糊、絕無二心的夥伴，時時處處上心，替他寫信，打理瑣事；若她覺得納博科夫說錯了話，有時甚至會打斷他。她是個極其美貌的女人，身材苗條，眼神沉著冷靜。納氏夫婦還常常外出捕蝴蝶，儘管走不遠，因為他們不喜歡坐飛機。

採訪者事先發了幾個問題過去，等他到達蒙特勒皇宮飯店，已有一只信封在那恭候他的大駕：這些問題被打亂重組，成為這篇訪談。又加了幾個問題和回答之後，刊於一九六七年夏／秋號的《巴黎評論》。按照納博科夫的要求，所有的回答都是用筆寫下。他聲稱，這是因為他對英語不熟悉；他常常這樣亦莊亦諧地開玩笑。他說英語帶有誇張的劍橋口音，偶爾略微夾雜些許俄語發音。事實上，英語口語對他而言根本不在話下。然而，錯誤引用倒是個不大不小的問題。毫無疑問，喪失故土俄羅斯，這一歷史陰謀之下的國破家亡對納博科夫來說是悲劇性的，更令他人到中年，卻以並非他童年夢裡的語言從事著他一生的事業。然而，他一再為自己的英語水準致歉，顯然不過是納博科夫的又一個特殊的傷心玩笑：他說的是真心話，他不是故意的，他為自己國破家亡而悲傷；若有人批評他的風格他會怒不可遏；他假裝只是一個可憐的外國人，而事實上他是美國人，一如「亞利桑那州的四月天」。

納博科夫目前正在寫一部長篇小說，探索時間的奧秘與歧義。說起這本書，他的聲音和目光彷彿一位快樂而又困惑的年輕詩人，急不可待地想要動筆。

——赫伯特・戈爾德（Herbert Gold），一九六七年

《巴黎評論》（以下簡稱「評」）：早安。我想問四十個左右的問題。

弗拉基米爾・納博科夫（以下簡稱「納」）：早安。我準備好了。

評：你深感亨伯特與羅麗泰的關係是不道德的。然而在好萊塢和紐約，四十歲男人同比羅麗泰大不了多少的女孩發生關係屢見不鮮，即使結婚也不會引起什麼公憤，頂多是公開的噓聲罷了。

納：錯，不是我深感亨伯特與羅麗泰的關係不道德；是亨伯特自己。他在乎，我不在乎。我壓根不管什麼社會道德觀，美國也好，其他任何地方也罷。話說回來，四十多歲的男人跟十幾歲或者二十出頭的女孩結婚，跟《羅麗泰》扯不上任何關係。亨伯特喜歡「小女孩」，不光是「年輕女孩」。小仙女指的是還是孩子的女孩，不是少女明星，也不是性感小妮子。亨伯特遇到羅麗泰的時候，她是十二歲，不是十八歲。你也許記得羅麗泰滿十四歲時，亨伯特口中的她已是他那「老去的情婦」。

評：有一位評論家（普里斯鍾斯〔Pryce-Jones〕）對你有過如下評價：「他的情感是獨一無二的」。你對這話怎麼看？這是否意味著你比其他人更瞭解自己的情感？或者說你在其他層面上發現了你自己？或者只是說你的過去很獨特？

納：我不記得這篇文章；不過如果哪個評論家說了這樣的話，那麼他肯定應該已經研究過不下幾百萬人的情感世界，至少是三個不同國家的人，然後才能下這樣的結論。如果是這樣，我還真算得上一隻怪鳥。如果，這麼說吧，如果他只不過是拿他自己家裡或者哪個俱樂部成員做的測試，那也就不可能把他的話當真。

評：另一個評論家曾經說過，你的「世界是靜止的世界。這些世界也許會因執迷而變得緊張，但是它們不會像日常的現實世界那樣分崩離析。」你同意嗎？你對事物所持的觀點中是否存在某種靜止的特質？
納：誰的「現實世界」？什麼地方的「日常」？請允許我指出，「日常的現實世界」這個說法本身才是徹底靜止的，因為它預設了一個可隨時被觀察到的情境，這個情境本質上是客觀的，而且無人不知。會講「日常的現實世界」的那位專家，我猜是你編出來的。無論是專家，還是「日常的現實世界」，兩個都不存在。

評：確有其人（說出評論家的名字）。還有一位評論家說你「貶低」你自己筆下的人物，「將他們變成一部大而難解鬧劇中無足輕重的小人物」。我不同意；亨伯特儘管可笑，還是有著一種經久的感人特質：一個被寵壞的藝術家的特質。
納：我寧願這樣說：亨伯特是一個虛榮、殘忍的壞蛋，卻讓自己看上去很「感人」。「感人」這一述語在其真實的、淚光閃閃的意義上來說，只適用於我筆下那個可憐的小女孩。再說了，我自己創作出來的人物，怎麼可能將他「貶低」成無足輕重的小人物之類的呢？你可以「貶低」一個傳記人物，但不可能貶低一個幻想出來的人物。

評：E.M. 福斯特說他筆下的主要人物有時候會不聽指揮，自行決定小說的發展方向。你也遇到過同樣的問題嗎？還是說你可以掌控一切？
納：我對福斯特先生所知有限，就只讀過他一部小說，也不喜歡；

無論如何，小說人物不聽作者使喚這個老套的古怪念頭也不是他最先想出來的——老得跟鵝毛筆的歷史差不多，雖則他筆下那些人如果一個勁兒想從那趟印度之旅逃出來，或者逃離作者想讓他們去的別的什麼地方，你當然還是會同情他們的。我筆下的人物是清一色的奴隸。

評：普林斯頓大學的布朗（Clarence Brown）曾經指出，你的作品存在驚人的相似之處。他說你「重複得無以復加」，你是以截然不同的方式述說本質上一模一樣的東西。他說「納博科夫的繆斯」是命運。你是有意識地在「重複你自己」呢，還是換句話說，你努力要讓所有作品取得有意識的統一？

納：我應該沒看過布朗那篇評論，不過他講的東西可能有點道理。非原創的作家看起來八面玲瓏，因為他們大量模仿別人，古人也好今人也罷。而原創藝術要抄只能抄它自己。

評：你認為文學評論到底有沒有意義？一般而論，或者就你自己的書來說，文學評論能否有所啟發？

納：一篇評論文章的目的是要發表對某本書的意見，那書評論家可能看過也可能沒看過。評論是可以有啟發意義的，這是指評論能讓讀者，包括那本書的作者，對評論家的智力水準有所瞭解，或可知道評論家是否誠實，或者兩件事都有所認識。

評：那麼編輯的作用呢？確有編輯提出過文學方面的建議嗎？

納：我想你所謂的「編輯」就是校對吧。我認識的校對裡倒頗有一些無比幹練且為人和善的小子，他們跟我討論一個分號的勁兒彷彿這個符號事關榮譽，而事實上往往是事關藝術眼光。不過我也碰到過一些自以為是、一副老大哥模樣的畜牲，他們會試圖「提意見」，對此我只大吼一聲：「不刪！」

評：你是一位悄悄追蹤獵物的鱗翅類學者？如果是這樣，你的笑聲難道不會嚇到它們嗎？
納：恰恰相反，我的笑聲會誘使它們進入一種蟄伏狀態，昆蟲在模仿一片枯葉時都會產生這種安全感。儘管我並不熱衷於閱讀評論我作品的文章，但我碰巧記得有這麼一篇東西，是一位年輕女士寫的，她試圖在我的作品中找到昆蟲學的象徵符號。要是她對鱗翅目昆蟲略知一二，那她的文章也許還能有點兒趣味。天哪，結果她根本一竅不通，用那一堆亂糟糟的術語佶屈聱牙、荒唐透頂。

評：你與那些所謂的俄羅斯白人難民十分疏遠，對此你作何解釋？
納：嗯，從歷史上來說，我自己也是個「俄羅斯白人」，廣而言之，所有那些跟我們家一樣反對布爾什維克暴政，因而在其當權的早期便離開俄國的俄羅斯人都是、也一直都會是俄羅斯白人。但是這些難民分裂成很多社會小團體和政治小團體，就跟布爾什維克政變之前的整個俄國沒兩樣。我不跟「黑色百人運動」的俄羅斯白人打交道，也不跟所謂的「布爾什維克黨人」也就所謂「左派」打交道。另一方面，我的朋友中有些是支持君主立憲的知識份子，有些則是社會革命派的知識份子。我父親是個老派的自由主義者，我倒不介意也被貼上一個老派自由主義者的標籤。

評：你與當今的俄國亦十分疏遠，你怎麼解釋？

納：我對眼下大肆宣揚，假惺惺的冷戰解凍一說深表懷疑；對無可救贖的邪行罪孽念念不忘，對時下能令一位具愛國情操蘇聯人感動的任何東西徹底無動於衷。對本人早在一九一八年就觀察到了列寧主義的 meshchantsvo（小資產階級的沾沾自喜，庸俗的本質）兀自得意。

評：你現在如何評價勃洛克（Blok）和曼德爾斯塔姆（Mandelshtam）等詩人，還有其他在你離開俄國之前就在寫的那些人？

納：我小時候讀過他們，半個多世紀以前了。自那以後我一直都深深地喜愛勃洛克的抒情詩。他的長詩比較弱，那首著名的《十二個》很嚇人，有意識地採用一種惺惺作態的「原始」腔，最後黏上一個粉紅色硬紙板做的耶穌基督。至於曼德爾斯塔姆，我也爛熟於胸，不過他給我的愉悅感沒有那麼強烈。今天，透過悲慘命運構成的稜鏡來看，他的詩顯得名過其實。我碰巧注意到文學教授們仍然把這兩位詩人劃入不同的流派，而他們只應歸屬同一個流派：天才。

評：我知道你的作品在蘇聯也有人讀，並且受到攻擊。如果你的作品出了一個蘇聯版本，你會有何感想？

納：哦，歡迎他們讀我的作品。事實上，維克多出版社正要出我的《斬首之邀》，是一九三八年原本俄語版的重印本。紐約一家出版社（菲德拉〔 Phaedra 〕）正在印我翻譯的俄文版《羅麗泰》。我覺得蘇聯政府肯定會樂於正式許可這部小說，裡頭看似隱含對希特勒政權的預言，還大肆抨擊美國的汽車旅館業。

評：你跟蘇聯公民有過接觸嗎？是哪一類的接觸？

納：我跟蘇聯公民可以說從未有過接觸，不過的確有過那麼一次，三〇年代初還是二〇年代末的時候，純粹是出於好奇，我答應見一位來自布爾什維克俄國的政府代表，他當時正試圖勸說流亡的作家和藝術家回歸祖國。他有一個雙名，萊博多夫什麼的，還寫過一個中篇小說，題目是《巧克力》，我心想說不定可以逗他玩玩。我問他，我是否可以自由寫作，如果我不喜歡那裡，我是否可以離開俄國。他說我肯定喜歡那裡都來不及，哪有時間考慮再出國。他說，蘇維埃俄國慷慨大度，允許作家使用的主題多得是，我完全可以自由選擇，比如農場、工廠、法吉斯坦的森林——哦，太多迷人的題材了。我說農場什麼的我沒興趣，這位想引誘我的可憐傢伙很快放棄了。作曲家普羅高菲夫（Prokofiev）對他要好得多。

評：你把自己看做美國人嗎？

納：是的。我是地道的美國人，地道得就像亞利桑那州的四月天。美國西部的植被、動物、空氣，是我同遠在亞洲北極圈的俄羅斯的紐帶。當然，是俄羅斯的語言和風光滋養了我，我不可能同美國的本土文學，或者印第安舞蹈，或者南瓜派，在精神上親近到什麼程度；不過當我在歐洲邊境上出示我的綠色美國護照時，我確實感覺到一股溫暖輕鬆的自豪感湧上心頭。對於美國事務的粗暴批評會讓我生氣難過。在內政方面，我強烈反對種族隔離。在外交政策方面，我絕對站在政府這一邊。在不確定的時候，我的做法很簡單，只要讓左派和羅素之流不滿的，我就擁護。

評：你有沒有覺得自己是屬於哪個群體？

納：說不上有。我腦子裡可以聚集起很多我喜歡的人，但是如果在現實生活中，在一個現實的小島上，這群人會形成一個彼此完全不同、互不相容的團體。可以這麼說，跟讀過我的書的美國知識份子在一起，我會很自在。

評：對於創作型的作家而言，你認為學術界這個大環境怎麼樣？關於你在康乃爾大學教書時的利弊得失，你能具體說一說嗎？

納：一個一流的大學圖書館，位於舒適的校園之內，這對作家來說是個不錯的大環境。當然，還是有教育年輕人的問題。我記得有一次，假期裡，不是在康乃爾，有個學生把一台電晶體收音機帶進閱覽室，他振振有詞地說，第一，他放的是「古典」音樂；第二，他開得「很小聲」；第三，「放暑假時閱覽室裡也沒幾個人」。我就在那裡看書，一人成眾。

評：你能描述一下你同當代文學圈的關係嗎？同威爾遜（Edmund Wilson）、麥卡錫（Mary McCarthy）、你的雜誌編輯以及小說出版人的關係？

納：我唯一一次同其他作家合作，是二十五年前跟威爾遜一起為《新共和》雜誌翻譯普希金的《莫札特與薩利艾里》，去年他厚顏無恥地質疑我對《尤金 · 奧涅金》的理解，讓自己當眾出醜，也讓我對於那段合作的回憶似是而非起來。麥卡錫最近對我倒是很不錯，也是在《新共和》，儘管我確實感覺她在金波特[1]的李子布丁的微暗的火裡加了不少她自己的甜酒。我不想在這裡提及我跟格羅迪亞斯（Girodias）的關係，不過對他那篇《奧林匹亞選集》中的無恥文章，我已經在《常青樹》上做了回應。就他不算，我跟我所有出版人都相處得非常好。我與《紐約客》的懷特（Katharine White）和馬克士威（Bill Maxwell）的友誼之溫暖，即便是最傲慢的作家，只要一想起都會心存感激和喜悅。

評：能否說說你的工作習慣？你是根據預先制訂的計畫表寫作嗎？你會從一個部分跳到另一個部分，還是從頭到尾順著寫？

納：我寫的東西總是先有個整體布局。然後像填字遊戲，我碰巧選了哪就先把那裡的空填上。這些片斷我都寫在索引卡片上，直到完成全書。我的時間表很靈活，但是對於寫作工具我相當挑剔：帶橫線的 Bristo 牌卡片，還有削得很尖、又不太硬的鉛筆，筆頭上得帶橡皮。

評：有沒有一幅特別的世界畫面是你想描繪的？對你來說過去始終就在眼前，即便是《左斜動帶》（Bend Sinister）這麼一部關於「未來」的小說。你是一個「懷舊者」嗎？你想生活在哪個時代？

納：我想生活在擁有無聲飛機和優雅航空車的未來，銀色的晴空萬里無雲，還有個遍佈全世界的地下公路體系，卡車只許在地下行駛，就像摩洛克斯族人一樣。至於過去，我不介意從各個不同的時空角落找回一些失落已久的慰藉，比如寬鬆的長褲還有又長又深的浴缸。

評：我說，你不必回答我提的所有金波特式的問題。

納：要想跳開那些難搞的問題永遠都行不通。我們繼續吧。

評：除了寫小說，你還做什麼，或者說，你最喜歡做什麼？

納：哦，那當然是捕蝴蝶，還有研究蝴蝶。在顯微鏡下發現一個新的器官，在伊朗或秘魯的某座山腳發現一隻未經記載的蝴蝶，都令人心醉神迷。相比之下，文學靈感所帶來的愉悅和收穫根本不算什麼。俄國若是沒有發生革命，我也許就全身心投入鱗翅類昆蟲學，根本不會寫什麼小說。

評：什麼是現代小說界最典型的「庸俗」（poshlust）？庸俗之惡對你有沒有一點兒誘惑？你有沒有中過招？

納：Poshlust，更好的翻譯是 poshlost，這個詞有很多微妙的含義，顯然，在那本關於果戈里的小書裡，我對於這些含義描述得還不夠清楚，不然你也不至於問出是否有人會被 poshlost 所誘惑這樣的問題。裝模作樣的垃圾，俗不可耐的老生常談，各個階段的庸俗主義，模仿的模仿，虛張的深沉，粗糙、弱智、不誠實的假文學——這些都是顯而易見的例證。如果我們想揪出當代文學中的 poshlost，我們就必須到以下這些東西裡面去找：佛洛依德學派的象徵主義、老掉牙的神話、社會評論、人道主義的要旨、政治寓言、對階級和民族的過度關心，以及大家都知道的新聞報導式泛論。「美國不比俄國好多少」，或者「德國的罪孽我們全都有份」，這一類的概念就是 poshlost 在作怪。Poshlost 之花盛開在以下這些短句和詞語中：「真實一刻」、「個人魅力」、「存在主義的」（被嚴肅地使用）、「對話」（用在國與國之間的政治會談），以及「遣辭用字」（用於泥水工身上）。把奧許維茲、廣島和越南混為一談是煽動性的 poshlost。屬於一個嚴選的俱樂部（冠以某位猶太裔財政部長的名字）是斯文的 poshlost。胡侃一氣的評論通常都是 poshlost，但是 poshlost 同樣也潛伏在所謂高品味的文章之中。Poshlost 稱「空空先生」為偉大的詩人，稱「假假先生」為偉大的小說家。Poshlost 最大的溫床之一要數藝術展會；所謂的雕塑家們在那裡以拆卸舊車零件所用的工具製造出一堆不鏽鋼曲軸蠢物、禪學身歷聲、聚苯乙烯鸊雉、廁所裡找來的現成物品、炮彈、裝在罐頭裡的球。我們在藝術展上欣賞所謂的抽象藝術家們創作的廁所壁面圖案，欣賞佛洛德派超現實主義，欣賞露水般的點點污漬，以及羅夏克墨跡——所有這一切都跟半個世紀前學術性的《九月之晨》和《佛羅倫斯的賣花女》一樣老掉牙。Poshlost 的名單很長，而且當然了，這堆東西裡頭，誰都有他自己最討厭的那一個。對我來說，最不能忍受的是那個航空公司的廣告：諂媚的小姑娘給一對年輕夫婦送上餐前小吃——女的兩眼冒光盯著黃瓜土司，男的雙目含情欣賞那位空姐。當然了，還有《威尼斯之死》。你知道範圍有多廣啦。

評：有沒有哪些當代作家是你頗感興趣的？
納：是有幾個我感興趣的作家，但是我才不會指名道姓。匿名的快樂不礙任何人的事。

評：有沒有哪些是你很不喜歡的？
納：沒有。很多廣為接受的作者對我來說根本不存在。他們的名字刻在空空的墳墓上，他們的書空洞無物，就我閱讀的品味而言，他們徹底無足輕重。布萊希特、福克納、卡繆，還有很多其他的作家，對我來說毫無意義。當我看到評論家和其他作家泰然自若地將查泰萊夫人的交配活動，或者那個冒牌貨龐德先生的一派胡言，稱作是「偉大的文學」，我著實進行了一番思想鬥爭，我真懷疑這是他們聯合策劃，針對我大腦的陰謀活動。我注意到在某些人家裡，龐德的書已經取代了史懷哲醫生。

評：你很欣賞波赫士和喬伊斯，看起來你也跟他們一樣喜歡拿讀者尋開心，用一些小把戲、雙關語、啞謎之類。你認為讀者與作者之間的關係應該是什麼樣的？

納：我想不起波赫士用過任何雙關語，但話說回來，我讀的只是他作品的譯本。無論如何，他那些精緻的小故事和微型彌諾陶洛斯（Minotaurs），跟喬伊斯的宏大機器毫無共同之處。我在那本最明白易懂的小說《尤利西斯》裡頭也沒發現太多的啞謎。另一方面，我討厭《芬尼根的守靈夜》，華麗的辭彙組織如癌細胞般生長，饒是如此，卻也不能拯救那個快活得可怕的民間傳說，還有那個簡單、太過簡單的寓言。

評：你從喬伊斯那裡學到了什麼？

納：什麼也沒學到。

評：哦，別這樣說嘛。

納：詹姆斯・喬伊斯沒有在任何方面對我有任何影響。我第一次與《尤利西斯》的短暫接觸是一九二〇年左右，在劍橋大學。當時有個朋友，彼得・穆若佐夫斯基（Peter Mrozovski），他從巴黎帶了本《尤利西斯》來，在我宿舍裡一面跺著腳來回地走，一面從莫麗的自說自話挑出幾段香豔的句子唸給我聽—— 這話你可別跟別人講，那其實是全書最弱的一章。直到十五年之後我才讀了《尤利西斯》，而且非常喜歡，那時我已是個混得不錯的作家，不情願再去學習什麼，或者忘掉什麼已經學過的東西。我對《芬尼根的守靈夜》不感興趣，所有用方言寫成的地域文學我都覺得興味索然，即便是天才的方言。

評：你不是在寫一本關於喬伊斯的書嗎？

納：但不是只寫他。我想做的是發表若干文章，討論幾本小說，都在二十頁左右——《尤利西斯》、《包法利夫人》、卡夫卡的《變形記》、《堂吉訶德》，等等，都以我在康乃爾和哈佛的講座手稿為基礎。我記得曾經在紀念堂裡當著六百個學生的面高高興興地把《堂吉訶德》、一本殘忍而又粗糙的老書一撕為二，有幾個比較保守的同事當時瞠目結舌，非常尷尬。

評：那麼其他人的影響呢？普希金怎麼樣？

納：在某種意義上——這麼說吧，比不上托爾斯泰或屠格涅夫受普希金藝術的驕傲及純潔的影響。

評：那麼果戈里呢？

納：我很小心地不從他那裡學任何東西。作為一個老師，他有些可疑，且危險。寫得最糟糕的時候，比如他那些烏克蘭的東西，他就是個一文不值的作家；寫得最好的時候，他是無可比擬的，是不可模仿的。

評：還有別人嗎？

納：H.G. 威爾斯，一位偉大的藝術家，他是我小時候最喜歡的作家。《深情的朋友》、《安・維羅尼卡》、《時間機器》、《盲人國》，所有這些故事都比貝內特（Bennett）或者康拉德的任何小說好得多，事實上，勝過所有同時代作家所能創作的任何小說。當然他的社會學觀點完全可以不去管它，但是他的浪漫作品和奇幻作品一級棒。有一次那才叫尷尬，那天晚上我們在聖彼德堡的家裡吃晚飯，威爾斯的譯者凡格洛夫（Zinaïda Vengerov）猛一轉頭，向威爾斯宣佈道：「要知道，你的作品中我最喜歡的是《失落的世界》。」「她是指火星人打敗仗的那本書。」我父親飛快地說。

評：你從你康乃爾的學生那裡學到什麼了嗎？還是說在那裡的經歷純粹是出於財務考量？教書有沒有教給你任何有價值的東西？

納：我教書的方法預先杜絕了我同學生的實際接觸。他們至多是在考試時把我腦子裡的一些碎片反芻一下。我每堂課的講義都是認認真真、一腔熱情地手寫並打字的，然後我在課堂上很放鬆地念出來，有時候停下來改寫一句話，有時候重複一整段——這是為了幫助記憶，然而那些做著筆記的手腕卻很少會改變節奏。我很歡迎聽眾中的一小部分速記能手，滿心指望他們能把自己儲存起來的資訊傳遞給其餘那些沒那麼走運的同學。我曾試圖在大學的廣播裡播放錄音帶來代替出勤上課，但是沒成功。另一方面，課堂上這時那時這裡那裡會傳來一些咯咯的笑聲表示欣賞，讓我深感歡欣鼓舞。我最大的回報是十年抑或十五年之後，我以前的一些學生寫信來，告訴我他們現在明白了我當時為什麼要教他們想像包法利那個被翻譯錯了的髮型，想像薩姆沙家房間的佈局，或者是《安娜・卡列尼娜》的那兩個同性戀。我不知道我有沒有從教書中學到什麼，不過我知道我在為我的學生分析那十多部小說時，積累了大量令人激動而有價值的資訊。我的工資，你碰巧也知道的，並非王侯俸祿等級。

評：關於你夫人與你的合作，你有什麼想說的嗎？

納：二〇年代初的時候，我的第一部小說是在她的主持下完成的，她是顧問加法官。我所有的故事和小說都至少會對著她念兩遍；她打字、改樣稿、檢查多種語言的翻譯版本時會全部再重讀一遍。一九五〇年某日，在紐約州的綺色佳，我糾結於一些技術上的困難和疑惑，想把《羅麗泰》的前面幾章都扔進花園的垃圾焚化爐裡，是我妻子阻止了我，鼓勵我再緩一緩，三思而後行。

評：你跟你作品的譯本之間是怎樣的關係？

納：如果是我和我妻子會的語言，或者是我們能閱讀的語言——英語、俄語、法語，以及一定程度的德語和義大利語——那麼就完全是嚴格地檢查每個句子。如果是日語或者土耳其語的版本，我就試著不去想像可能每一頁都有災難性的錯誤。

評：你有什麼未來的工作計畫？

納：我正在寫一部新的小說，但是無可奉告。另一個我已經籌畫了一段時間的專案，是要出版我為庫伯力克寫的《羅麗泰》的完整劇本。他的電影從劇本中借用的部分，剛好還夠讓我合法宣稱自己是劇本的作者，儘管如此，影片本身只是我想像中那部精彩作品的模糊寒磣的一瞥，我在洛杉磯的別墅裡工作了六個月，一幕一幕地寫下來。我不是要暗示庫伯力克的電影很平庸；就電影論電影，它是一流的，只不過跟我寫的不一樣。電影以其歪曲的鏡頭使小說變形、變粗糙，總會讓小說帶上一點 poshlost 的痕跡。我覺得庫伯力克在他的電影版中避免了這個錯誤，但是我永遠不會明白為什麼他沒有依循我的指導和想像。太遺憾了；不過至少我可以讓人們閱讀我的《羅麗泰》劇本原稿。

評：如果說你會因為一本小說被人們記住，只有一本，讓你選擇的話，你會選哪一本？

納：我正寫的這本，或者不如說我正夢想要寫的這本。事實上，我會因為《羅麗泰》以及我關於《尤金・奧涅金》的研究而被記住。

評：你作為一個作家有沒有感覺到自己有什麼明顯的或者祕密的缺陷？

納：我沒有一個自然的詞庫。承認這一點很奇怪，但是事實。我所擁有的兩個工具，其一——我的母語——我已經不能用了，這不僅是因為我沒有俄國讀者，也因為自從我一九四〇年改說英語之後，以俄語為媒介的文字歷險中的激動已經逐漸消逝了。我的英語，我一直都擁有的第二個工具，卻是個相當僵硬、人工的東西，用來描述一場日落或者一隻昆蟲可能沒什麼問題，但是當我想知道從倉庫去商店可以抄哪條近路時，卻無法掩飾句法之弱以及本土辭彙之貧。一輛舊的勞斯萊斯，未必總是比一部普通的吉普車更合用。

評：你對於目下競爭性很強的作家排名怎麼看？

納：是的，我注意到在這方面我們的職業書評家是名副其實的造書的人。流行誰，不流行誰，去年的雪現在何處。很有意思。我被排除在外有點兒遺憾。沒人能決定我到底是中年美國作家，還是老俄國作家——或者是沒有年紀的國際怪胎。

評：你的事業中最大的遺憾是什麼？

納：沒有早點兒到美國去。如果三〇年代已經住在紐約就好了。如果我的俄文小說那時候就被翻譯過來，也許會給親蘇聯的狂熱份子一點打擊和教訓。

評：你目前的名氣對於你是否有什麼顯著不利的地方？

納：有名的是《羅麗泰》，不是我。我是一個默默無聞、再默默無聞不過的小說家，有著一個不知該怎麼發音的名字。（丁駿／譯）

（原載《巴黎評論》第四十一期，一九六七年夏／秋號）

1 金波特 (Kinbote)，《幽冥的火》主角。

約翰・厄普代克
John Updike

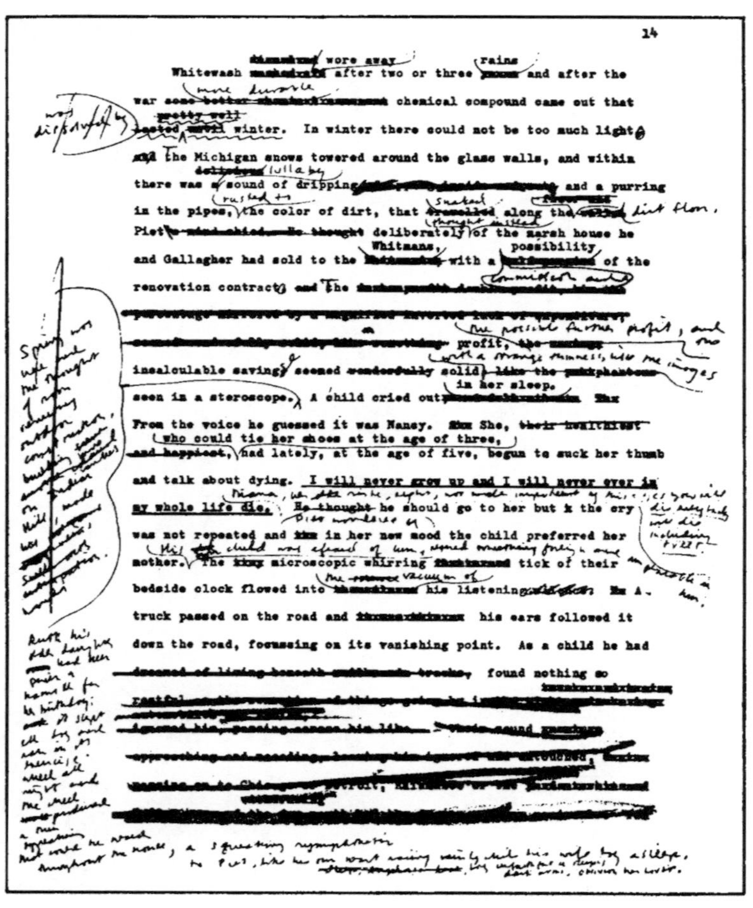
14

Whitewash wore away after two or three rains and after the war more durable chemical compound came out that winter. In winter there could not be too much light. The Michigan snows towered around the glass walls, and within there was a lullaby sound of dripping and a purring in the pipes, rusted to the color of dirt, that snaked along the dirt floor. Piet thought instead deliberately of the marsh house he and Gallagher had sold to the Whitmans, with a possibility of the renovation contract, the profit, incalculable savings seemed solid, in her sleep. seen in a stereoscope. A child cried out. From the voice he guessed it was Nancy. She, who could tie her shoes at the age of three, had lately, at the age of five, begun to suck her thumb and talk about dying. I will never grow up and I will never ever in my whole life die. he should go to her but the cry was not repeated and in her new mood the child preferred her mother. The microscopic whirring tick of their bedside clock flowed into his listening. A truck passed on the road and his ears followed it down the road, focussing on its vanishing point. As a child he had found nothing so

厄普代克《夫婦們》的一頁手稿。

一九六六年，《巴黎評論》第一次要求採訪約翰‧厄普代克，被他拒絕了：「也許我寫小說是因為覺得把什麼都說得一清二楚很愚蠢；當話題是我自己的時候，我會禁不住自嘲哀歎。而且，我真的沒有太多東西可以告訴採訪者，我學到的那點人生感悟和小說的藝術，都已經寫在作品裡了。」

隔年，《巴黎評論》的再次請求終於被接受，但是厄普代克的種種擔憂導致了採訪一拖再拖。應該先看採訪提綱、寫好回答、再面談？還是倒過來？或是根本不需要面談？（厄普代克甚至一度害怕自己變成「又一個牛皮滿天、自說自話的人」。）終於，一九六七年的夏天，《巴黎評論》先給他看了問題大綱，然後在瑪莎葡萄園島（Martha's Vineyard）採訪了他，當時他和家人正在那裡度假。

厄普代克給人的第一眼印象是興高采烈，這對於一個有著他那樣技法與感性的作家來說並不尋常。從愛德格敦的狹窄大路一路衝了下來，年輕的作家鑽出破破爛爛的科威爾車款，頭髮亂蓬蓬的，光著腳，穿著汗衫和卡其布沙灘褲。

厄普代克很會說話，但很明顯，他並不想通過談話讓別人進入他的內心。因此，這次訪談的最後階段是由他修改自己的口頭回答，然後成文。結果自然是一篇經過編造的訪談，但同時也是一件藝術品，這正契合了作者的信仰：只有藝術才能追溯經驗中的微妙之處。

——查理斯‧湯瑪斯‧撒母耳斯（Charles Thomas Samuels），一九六八年

《巴黎評論》（以下簡稱「評」）：你在小說裡寫到了自己的童年，在訪談裡也曾提及，但對於在哈佛上大學的日子卻沒怎麼提起過，我想知道大學時代對你有什麼影響。

約翰 · 厄普代克（以下簡稱「厄」）：我在哈佛的日子除了第一年比較忙碌，其他都是夠愜意的，就像有的人說的那樣，很成功。但我對於那段日子裡的感覺，好像一隻毛毛蟲在慢慢變成蝴蝶時一定會有的那種怨恨。我記得弗格美術館明亮的窗戶，記得我未來的妻子推著叮叮作響的自行車走過白雪皚皚的校園，記得當我踏入《諷刺》總部前廊時從地下室竄出的老雜誌那股潮味兒就會衝進鼻孔，還有無數在教室裡的愉快啟發——所有這些都記憶猶新，但是，我知道許多人都曾這樣走過，他們比我更能感受那種尊貴的榮耀，而且寫得也夠多了。我對哈佛時光的所有記憶似乎都寫在短篇〈基督徒室友〉裡，還有一篇〈向保羅 · 克利致意〉，只發表在《自由環境》(The Liberal Context)雜誌，沒有收入書裡。《夫婦們》裡的福克茜 · 惠特曼會記得我做過的一些事情。她和我一樣，在變成好人的過程中隱約覺得被蒙蔽了，被安撫了。也許我不信任那種特別神聖美好的地方。哈佛已經有太多歌頌者，不缺我一個。

評：你在為《諷刺》寫稿的過程中受益良多嗎？

厄：《諷刺》對我很好。除了同好聚集的溫暖感，我還得到雜誌事務全權委託—— 一開始我畫插圖，先是為不少打油詩配圖，後來越來越多地為散文配圖。總是有很多地方要填。而且，我對笑話也缺乏抵抗力，我們常常自稱笑話編織者。我尤其擅長中國笑話。在一個生日派對上，孩子們對著羞紅臉的小壽星唱道：「生日快樂，Tu Yu!」或者是，苦力們聽完煽動者的演說後，面面相覷：「我們工作不就是為了拿苦力的工資麼？」或者，我還畫過另一幅卡通：一個童話公主在塔裡，她的長頭髮垂到地上，上面寫著「火災緊急出口」。我還記得賓克・楊（Bink Young），現在是聖公會牧師，他把穿著破爛運動鞋的腳蹺在桌子上，一臉嚴肅地謀劃著如何從波士頓港偷一艘戰艦。也許，身為一隻沒能完美轉變形態的毛毛蟲，我應該感謝能有真正的蝴蝶相伴。

評：你後來完全放棄畫畫了嗎？我注意到你最近發表的《安圭拉島來信》是由你自己畫的插圖。

厄：很高興你注意到了。多年來我一直想給《紐約客》畫插圖，最後終於如願了。我最初的願望是為迪士尼畫漫畫，後來我想當雜誌漫畫家。剛結婚那會兒我常畫瑪麗和孩子們，還在藝術學校念過一年，但後來我什麼都不畫了，連接電話的時候都不會塗鴉。這是一種損失，對我來說很悲傷。我對具象詩很感興趣，也試圖回歸手稿創作，充分利用紙頁上的空白，探索技術上的可能性。我的新書是一首長詩，叫《中點》，就做了這種嘗試。既然我們為了眼睛而創作，何不動真格的，好好款待一下眼睛？字母原本就是小型圖畫，這樣可以讓我們把繪圖形象、照片形象和文字組合起來。我的意思是讓它們融合在一起。說到這裡，我想起了龐德的中國字，當然還有阿波里奈爾；還有我自己的詩《胡桃鉗》，把「胡桃」用黑體顯示，對我來說就像赫伯特（George Herbert）[1]的天使翅膀一樣美好。

評：從哈佛畢業後，你在《紐約客》做了兩年內聘撰述。大概是什麼樣的工作？

厄：我是「城中話題」欄目的作者，這意味著我既要跑腿，也要寫稿。真是叫人興奮的職位！這是個好玩的差事，讓我看遍了整個城市。我駕過船，看過大劇場裡的電子展覽，也試著根據不同物件和聽到的對話來創作印象派詩歌。

評：為什麼辭職了呢？

厄：工作兩年之後，我開始懷疑自己是否拓展了這種體裁。我和太太有了第二個孩子，需要一套更大的公寓，當時的最佳選擇似乎是離開城市，也就等於辭掉工作。他們仍舊把我的名字放在工作人員表上，我還會寫一些評論，我感到十分舒服，因為有這樣一個專業歸屬，他們認為我有能力。從總體上來說，美國對作家並沒有多少期待。其他東西，有可能；但能力，那可不。

評：你的名字多年來一直同《紐約客》連在一起，對此你有何感想？

厄：很高興。十二歲時阿姨給我訂了份《紐約客》作為聖誕禮物，我當時就覺得這是世上最好的雜誌。一九五四年六月他們登了我的詩和短篇，這可是我文學生涯的重大突破。編輯的細心程度以及他們對喜愛作品的感激程度是其他雜誌所無法相比的。我也喜歡他們的版式——在文章結尾處署名，所有人的字型大小都一樣，標題斜體，令人有一瞬間感覺二〇年代、波斯和未來彷彿在同一時空。

評：你似乎有點兒躲避文學圈，為什麼呢？

厄：我有嗎？我這不是坐在這裡和你說話嗎。一九五七年我離開紐約時，的確是了無遺憾，那不過是經紀人和未出道者以及時髦外行們的文學風月場罷了，一個沒有養料且頗為煩人的世界。海明威曾經把紐約的文學圈形容成滿滿一瓶條蟲，互相養活。當我寫作的時候，腦子裡想的不是紐約，而是堪薩斯州東部的一個模糊的地點。我想著那些在圖書館架上的書，沒有封皮，經年陳舊，一個鄉下少年找到了它們，讓書直接講給他聽。那些評論、布倫塔諾書店（Brentano's）的熱銷品，都只是障礙物，需要跨越它們才能把書放在那個圖書館的架上。總之在一九五七年我滿腦子想說的就是賓夕法尼亞，搬去伊普斯威奇（Ipswich）居住給了我寫作的空間。在那裡我過著儉樸的生活，養育孩子，與人實際接觸交朋友而不是在文字裡神交。

評：那些想在你的小說裡找到自己影子的鄰居們，現在的伊普斯威奇和以前的西靈頓（Shillington）的鄰居們，會不會很失落？
厄：我想不會的。我相信人們明白真實生活和書本之間的差別，通常他們都明白。在西靈頓的時候，我的地方離鎮上很遠，所以小說裡虛構的成分更多些，會顯得更扭曲或壓抑。在奧林格 [2] 的故事裡面的那些人物絕對不會冒犯什麼人。伊普斯威奇我寫得不多。《夫婦們》寫到的沼澤地也許有原型，但那些夫婦都是在東部隨處可見的成年人。《夫婦們》出版後，我住的小鎮起先有些震驚，但我想他們讀過書以後就會安心的。這書出版一週後，波士頓的幾家報紙用一種小報風格大肆宣傳，《大西洋月刊》又登了特里林（Diana Trilling）所寫的一篇義正詞嚴的檄文，搞得加油站的夥計和高爾夫球場裡遇見的陌生女人都會拉住我說上幾句安慰恭維的好話。我在市中心一家餐館的樓上工作，每天早晨人們都會看到我爬上樓梯去辦公室，我想伊普斯威奇的人們肯定同情我，因為我要靠如此明擺著薄利的瑣事來維生。而且，我還要參與當地事務，比如參加公理會教堂建築委員會、民主黨鎮黨委，就在《時代週刊》登的我那張歪瓜裂棗的封面把《夫婦們》炒上天的時候，我還在為鎮上的「十七世紀日」撰寫慶典腳本呢。我童年和成年後生活的兩個小鎮，跟我腦海中構思的城鎮都不太一樣。奧林格和塔博克斯（Tarbox）的區別更在於童年和成年的區別，而不僅是地理位置有所差異。他們是我朝聖之旅的進展階段，而不是地圖上的兩個點。

評：父母呢？他們似乎經常出現在你的作品中，他們對你早期作品的反應會不會影響之後的作品？

厄：我父母不應被一一對應到任何小說人物。但我並不介意承認喬治 · 考德威爾[3]從我父親身上汲取了某些鮮活的姿勢或困苦處境。在《馬人》出版後，有一次我回到普洛維爾（Plowville），遭到了我父親在主日學校的一名學生的斥責，因為書中的描寫令他無法容忍。而我父親，帶著一如既往的聖潔，上來調解，他說：「他寫的是真的。這孩子看透了我。」我母親則是另外一種聖人，她是一位理想的讀者，一位寬容得堪稱典範的作家母親。他們二人都有一種相當非中產階級的愛好，性喜使人興高采烈的可怕真相，用溫暖而多彩的生活充實我的童年之後，就讓我在成人道路上自由馳騁，從不干涉，一直鼓勵，哪怕拿去發印的東西談及舊瘡疤而且是以孩童的觀點看事物。我在寫作時完全不用擔心失去父母的愛。

評：你的大部分作品發生在同一地點：奧林格。所以你在《奧林格故事集》的前言中對那個世界說再見，令人產生興趣，但隔年你又出版了《農莊》，為什麼你如此被這一素材所吸引？

厄：但《農莊》是說火鎮（Firetown）的，他們只去過奧林格的超市。我受賓夕法尼亞東南部的吸引是因為我知道在那兒事情會如何發生，或者至少是過去如何發生。一旦你對一個地方的可能性有了深入骨髓的瞭解，你就能自由地想像那裡。

評：我不是這個意思。我想問的不是你為何不斷地寫奧林格本身，而是為何你寫了那麼多大部分人認為是你自己的青春期和家庭的故事。比如許多評論都曾指出，《農莊》、《馬人》還有像是〈我祖母的頂針〉之類的短篇，其間頗有相似之處；譬如說，《航班》似乎就是《農莊》的早期版本。

厄：我認為這是無可避免的，青春期對我而言很有趣。從某種意義上說，我父母都是相當出色的演員，他們讓我的青年時代充滿了戲劇性，以至於等到我成年時，已經擔了一些半成形的材料。所以的確，小說裡會埋著一條暗線，我猜這條暗線就是自傳。在《農莊》中，儘管人物姓氏與《馬人》不同，地理位置也不同，但兩本書的主人公都叫喬治。《農莊》從某種意義上說，是在觀察馬人去世後《馬人》中的那個世界。順便說一句，我得重複強調我並不是說考德威爾真的在《馬人》中死去了，他好好活著、回去工作、充當兒子的保護傘，在這層意義上可說是已經死了。但喬伊·羅賓森[4]三十五歲那年，他的父親死了。同理，《兔子，快跑》裡面的跑馬河也存在一種奇妙的聯繫，可以追溯到《馬人》中的奧爾頓（Alton）。兩本書中的跑馬橋將它們連在一起。

我小時候喜歡把毫不相干的東西畫在一張紙上，比如烤麵包機、棒球、花兒什麼的，然後用線把它們連起來。但說真的，每篇小說對我來說都是全新開始，那些小聯繫比如幾個名字的重現，或者哈內瑪[5]的失眠將他帶回高中時代，看到約翰 · 努德霍爾、大衛 · 科恩和艾倫 · 道[6]並肩而坐，這些都是一種流動的、間接的連貫性。順便說一句，每次我構思出一個人物，我會完全躲在那張面具之後，我的記憶和想像變得難以分辨。我並不認為應該嚴守對於過去的記憶，我在紙上的創作必須自由超脫於事實之外，我正是這樣做的。我說得夠清楚了嗎？

評：可以吧。

厄：換句話說，我不承認自己的生活和作品之間有任何重大聯繫。我覺得這是一種病態、不合適的考慮，雖然很自然——許多病態的考慮都是自然的。但是作品，寫在紙上的那些字，必須和我們的當下生活保持距離；我們坐在桌旁寫作，正是為了擺脫這副軀殼。但除了那些逗趣的小關聯之外，這三部小說以及《鴿羽》中的一些短篇故事都體現了一種飛離、逃離或失落的中心意象，我們逃離過去的方式。我還試圖在小說中表達一種負罪感，比如標題特長的三部曲小說〈波士頓的福佑之人，外婆的頂針和範寧島〉，後來你會發現那敘述者是一名落入無奈處境的玻里尼西亞島民。就此意義而言，在時間和空間中我們常常選擇離開他人，這樣就會產生一種負罪感，好像我們虧欠了他人——比如逝者、被棄者，至少有心要回報他們。我在奧林格所獲得的那些創傷或教訓，必然與壓抑的痛苦、與我假設的中產階級生活（我猜我要說的是文明的生活）所要付出的犧牲和代價有關。那個父親，不管他的名字叫什麼，犧牲了活動的自由，那個母親，犧牲了——噢，我猜是——多彩的性生活；他們都被困住了。當我回過頭去想這些小說（你也知道我是多麼喜愛這些小說，如果只讓我送一本書給別人，那一定是 Vintage 版《奧林格故事集》），我特別會想到〈航班〉裡的那一刻，為了逃離弄得渾身傷痕，剛結束了與賓格曼的戀情，自己似乎已經成人又沒完全長成，他看到媽媽躺在那兒，埋首閱讀她那些遠方寄來的特別信件，背景是新奧爾良爵士，然後是祖父的聲音從樓梯上傳下來，他哼唱著：「遠方有片樂土……」這就是曾經，也是當下。我生活裡從來沒有如此凝練的場景，但同時我又感受到了自己的力量和價值，以及一種對活著並且要走下去的無法挽回的悲傷。

我可不認為作家裡只有我會關心自己前十八年的生命體驗。海明威珍視那些密西根小短篇的程度甚至到了有些誇張的地步，而我會讓它們適得其所。看看吐溫，看看喬伊斯，二十歲之後，我們身上發生的任何事情都與自我意識脫不開干係，因為那時我們已經以寫作為業。作家的生活分成了兩半。在你決定以寫作為職業的那一刻，你就減弱了對體驗的感受力。寫作的能力變成了一種盾牌、一種躲藏的方式，可以立時把痛苦轉化為甜蜜——而當你年輕時，你是如此無能為力，只能苦苦掙扎，去觀察，去感受。

評：夫人對你的作品有何反應？《時代週刊》引用你的話說她從來不會完全肯定你的小說？

厄：瑪麗是個極為難得的敏銳的讀者，她真的總是對的。假如我有時在小說中保留了她沒有完全同意的寫法，也是因為我內心愛開玩笑、魯莽的一面占了上風。通常我只在完成或寫不下去的時候才會讓她看，我從不會無視她的意見，她提意見的時候也很講策略。

評：評論艾吉（James Agee）的《寫給神父弗賴爾的信》時，你為職業寫作做了辯護。即便如此，你會因為以寫作為生而感到厭煩嗎？

厄：不會，我一直想以畫畫或者寫作為生。教書匠也是一種傳統的選擇，但看上去只不過是空費力氣，令人墮落。我能夠從事更體面的形式——比如詩歌、短篇小說、小說等來養活自己，而且我做過的新聞工作也很有用。必要時我還可以寫除臭劑廣告詞或者番茄醬瓶子的標籤。能把想法變成思想、思想變成文字、文字變成印刷品這樣的奇蹟從來不會讓我感到膩味，哪怕是書本製作的技術細節，從字體到裝訂膠水，都讓我著迷。做好一樣東西和糟蹋一樣東西的區別到處都有，不管是在天堂還是地獄。

評：你寫了很多文學評論，為什麼？

厄：因為：（a）有些作者讓我激動，例如斯派克（Spark）或波赫士，我想分享好消息；（b）當我想寫文章的時候，內容可以是浪漫愛情或巴特[7]的神學理論；（c）當我覺得對某種東西一無所知的時候，比如法國現代小說，接受一次書評約稿可以迫使我去閱讀並且學習。

評：這對你自己寫小說有幫助嗎？

厄：我覺得對一個作者來說是有好處的。在他自己常常為晦暗不明的評論所困惑時，寫評論會讓他發現評論是一種多麼執拗任性的藝術，做結論時要把小說情節講清楚都很難，更別說整理出某人的真實回應了。但是評論不應該成為一個習慣。這會讓作家以為自己是個專家、權威，以為小說是集體產業和專業物種，以為想像力是一種理智的、社會的活動——這些都是極為有害的錯覺。

評：如果可以的話我想問些關於你的工作習慣的問題。你的工作日程是怎樣的？

厄：我在每個工作日的上午寫作。我會試著變換寫作內容，散文或詩歌都會有幫助。如果我有一個長期計畫，我會試著在最煩悶的時候也堅持寫。我每出版一部小說，就會有一部未完成或是報廢的作品。有些短篇成品，比如〈救生員〉、〈金屬的味道〉、〈外婆的頂針〉都是從報廢作品中的片斷改寫而成。大部分作品一開始就有方向，正如同佛斯特說他的詩「取決於自我融化」；如果沒有融化，而故事還卡著，你最好停下來看一看。在寫作的過程中，必須有一種超出意志之外、無法被預定的「幸福感」，它必須歌唱，必須自然順暢。我會馬上試著設置一種往前傾倒的懸念或好奇，然後在故事結尾處調整，以完成呼應。

評：做完一天的工作，你能立刻把它放在一邊嗎？還是寫作的內容會一直糾纏到下午，對你的生活產生影響？

厄：嗯，我覺得潛意識還是會不時浮現的，有時候一個令人不安的句子或者意象會直接跳出來，這時候你就得記錄下來。如果我被一個想法套住了，我會在自己重新坐下來之前努力解套，因為在朋友、音樂、好空氣中度過一天要比幽閉在房間裡坐在打字機旁邊更容易推動腦子思考。當然，要記住整個草稿很困難，有時候你走到桌子旁坐下，發現你在失眠的時候想到的那些解決辦法根本不適用。我想我從來沒有完全拋開作家的身分以及正在進行中的寫作計畫，一些特定的場所，比如汽車、教堂（都是私人場所）會對我的寫作特別有啟發。《夫婦們》幾乎全部是在教堂裡構思的，儀式進行當中一有觸動或靈感我就記下來，然後星期一帶去辦公室完成。

評：你不僅是作家，而且是出名的作家，出名有沒有給你帶來什麼不便？

厄：採訪太多了。我能推的都推了，但哪怕一個採訪也太多了。無論你多麼想保持誠實而完滿，訪談從本質上來說都是虛假的。這裡面怎麼都不對勁，我讓自己投身這個機器中，然後你從機器中得到了你的版本——可能你是個聾子根本聽不見我說什麼，也可能這機器本身就壞了。所有出來的東西都會被冠上我的名字，可這根本就不是我。我和你的關係、我這樣線性地口頭應付，其實都是一種歪曲。任何訪談中，你都會有些添油加醋或是省略。你離開了自己的勝場，變成了又一個牛皮滿天、自說自話的人。我不像梅勒（Mailer）或者貝婁，我沒有對大事件發表看法的欲望，什麼改造國家、競選紐約市長，或者像《最後的分析》裡的主角那樣，用笑聲照料世界。我的生活從某種意義上說就是垃圾，而其中的殘渣就是我的作品。那個《時代週刊》封面上的人，或者這個自言自語將要被印在《巴黎評論》上的人，既不是活生生的我，也不是寫小說寫詩的我。也就是說，萬物無限美好，任何觀點都要比真實事物的質地還粗糙些。

我覺得要有觀點是很難的。神學上我喜愛巴特；政治上我偏向民主黨。但是我覺得凱基（John Cage）的一句話很寶貴：我們真正應該在意的是開明和好奇的態度，而非判斷。你對不瞭解的事務發表意見，最終只會侵蝕你在本行中的發言權。

評：我常想到一件事——知名作家肯定一直收到那些想成為作家的文學愛好者寄來的作品。你有過類似經歷嗎？如果有，你會怎麼處理它們？
厄：我傾向於扔掉它們，那些稿件。我還記得自己想當作家的時候，你知道，我可從來沒這樣做過。我認為作家一定是不停地寫作，直到他們有一天達到發表水準為止，我覺得這是唯一的方法。現在有年輕人給我寫很漂亮的信，邀請我去指導一門寫作課。很明顯，我已經成了應該為年輕人服務的當權派，就像大學校長或者員警那樣。但我自己還在努力學習呢，我只想為充實自己而讀書。

評：當我們談到你的公眾角色時，我很好奇你對自己的小說在大學課程裡出現得越來越多會有怎樣的反應。
厄：哦，真的嗎？他們在用我的小說嗎？

評：我就用得挺多。身為作家，你如何看待這個問題？你覺得這會干預讀者對你作品的理解或感受嗎？我的意思是，你同意特里林的觀點嗎，比如說，現代文學因為出現在教室這樣的社會環境中而被沖淡了，還是你對此並無所謂？
厄：不。回想我自己上大學的經歷，大學課程只是一種把你帶到書本前的途徑，一旦你拿起書，作者與讀者的關係就建立了。我在一門課上讀到杜思妥也夫斯基，還哭了。

如果你說的是真的，我感到很高興。我覺得要教真正的當代作品非常難，而現在這樣的課還挺多的。（在牛津，他們通常講到丁尼生就停了。）當然，也許我已經不算當代了；也許我是像艾森豪或者……

評：人一過三十，就要開始走下坡路了。

厄：別笑——大部分美國作家的確三十歲就開始走下坡路了。也許我像亞當斯（Sherman Adams）或多米諾（Fats Domino）或其他一些半邊緣的人物，已成了某樣名勝古蹟。美國人太急於迅速整理行囊，其實一個作家在棺材板被釘牢之前再打包也不遲。

評：嗯，我現在想到了另一種行囊，不是時間的，而是國家的。你認為自己屬於美國的某一類文學傳統嗎？或者你覺得自己是美國傳統的一部分嗎？

厄：肯定是的，我沒怎麼出過國。

評：具體來說，你覺得從美國經典作家如霍桑、梅爾維爾、詹姆斯等人那裡學到了什麼？或者你同誰有精神上的相通感？

厄：我熱愛梅爾維爾，也喜歡詹姆斯，但我更傾向於向歐洲作家學習，因為我覺得他們的力量遠遠溯及清教傳統之前，不會把直覺等同於真實——

評：也就是說，你希望從不同於本國的傳統中汲取養料？

厄：是的。我不是說我可以像梅爾維爾和詹姆斯那樣寫作，而是說他們表現出的那種激情和偏見已經在我的骨子裡了。我不覺得你需要不停地訓練你的本能，如果能找到你做不到的模式會好得多。美國小說對女性的描述是出了名的單薄，我曾試著刻畫一些女性形象——我們應該已達到文明或衰敗的某一點，能夠正視女人；我不覺得馬克 · 吐溫能做到這點。

評：讓我們來看看你的作品。在《生活》雜誌的一次訪談裡，你對評論家們針對「沒錯，但是」的態度表達了一些遺憾。是不是大家對你迴避宏大主題的經常性抱怨催生了《夫婦們》？

厄：不，我的意思是我的作品說了「沒錯，但是」。在《兔子，快跑》中，「沒錯」是指我們內心中急切的私語，「但是」則指社會組織崩塌了。在《馬人》中，「沒錯」是指個人犧牲和責任，「但是」—— 一個人獨有的痛苦和萎靡該怎麼辦？在《貧民院集市》中，「不」針對的是社會均質化和沒了信仰，「但是」——聽聽那聲音，那頑強的存在的喜悅。在《夫婦們》中，「不」針對的是建立於身體和心靈彼此滲透的宗教社區，「但是」——上帝毀掉了我們的教堂，我們還能怎麼辦？我沒法花太多時間去關心評論家對我作品的看法；如果寫得好，就會在一、兩個世代之內浮出水面，如果不好，就會湮沒，但同時能夠讓我維持生計，提供休閒的機會，並得到一個匠人的自我滿足。我寫《夫婦們》是因為我生活與作品的節奏所需，而不是為了安撫那些引人陷入幻覺的批評聲音。

評：你說《夫婦們》中的那些宗教社區的背景是上帝毀了我們的

教堂，這是什麼意思？

厄：我認為名詞的「上帝」以完全不同的兩種意義重複出現，一種是在美麗的白色教堂裡供奉的上帝、多少打了些折扣的清教徒的上帝；還有一種是代表著終極權力的上帝。我從來沒法真正理解那些神學理論：發起了地震、颱風、讓兒童餓死的上帝，居然也沒有責任。一個不是創世者的上帝對我來說不太真實，所以的確，這肯定是劈閃電的上帝，而且這個上帝高於那個善良的上帝、那個我們崇拜並熟悉的上帝。我要說的是，有一個殘忍的上帝高於善良的上帝，而前者才是皮特信奉的上帝。無論如何，當教堂被燒後，皮特得到了道德上的解脫，他可以選擇福克茜了，或者說，他可以接受福克茜和安吉拉一同為他所做的選擇了，可以走出內疚的無力感，進入一種自由狀態了。他與超自然離婚，與自然結了婚。我想讓失去安吉拉變成一種真正的失去——安吉拉比福克茜善良，然而福克茜才是他心底最想要的，福克茜才是那個隱約打開他心房的人。所以這本書的結局的確皆大歡喜。但是還有一方面，應該說（又要說到「是的，但是」了），隨著教堂的被毀，隨著內疚的消失，他變得無足輕重了。他僅僅成了上一段中的一個名字：他成了一個得到滿足的人，從另一方面說也就死去了。換句話說，一個人一旦擁有了他想要的，得到了滿足，一個滿足的人也就停止去成為一個人了。沒有墮落的亞當只是一頭猿。的確，這正是我的感覺。我覺得要成為一個人，必須處於一種緊張狀態中、一種辯證的狀態中。一個完全適應的人根本就不是真正的人，只是穿上衣服的動物或是統計資料。所以這個故事有一個「但是」在結尾，成了好結果。

評：《夫婦們》中多次呈現口交而《兔子，快跑》僅提及一次（兔子堅持要求魯絲口交，從而導致了他們的分手），形成了鮮明對比，我對此深有所感。

厄：不對，詹妮絲有了孩子才是他們分手的原因。

評：你說了算。但我還是想知道，為何一種行為在前一本書裡如此重要，而在後一本書裡卻如此無關緊要？

厄：《夫婦們》一部分要講的是《兔子，快跑》出版後（一九五九年末）的性風俗變化，在那之後沒多久我們就有了《查泰萊夫人的情人》和亨利 · 米勒的處女作，而現在連雜貨店的架子上都是色情書。記得皮特躺在弗萊迪的床上，羨慕著弗萊迪收藏的格羅夫出版社的書嗎？《兔子，快跑》裡要求而得不到的東西，在《夫婦們》裡可以隨意取用。還會是什麼呢？這就是亞當吃蘋果學到的東西。這裡有些懷舊情緒，對皮特來說是沃伊特（Annabelle Vojt），對福克西來說是猶太人。德魯日蒙（De Rougement）在寫崔斯坦和伊索德的書裡提到了愛人的不育，皮特和福克西面對面也無法開花結果。最近我和一個生物化學家朋友聊天，他不但強調了酶的化學成分，也強調了它的結構，令我很受啟發；在我的人物裡，重要的不光是他們本身，還有他們如何互相關聯的方式。口交問題到此為止。

至於籠統的性，我們當然可以在小說裡寫，而且可以根據需要寫得很詳細，但真的，真的必須有其社會的和心理的聯繫。讓我們把交媾拿出櫃子，拖下神壇，放進人類行為的連續統一體中。亨利 · 米勒的小說中有不少地方回應了人性；《羅麗泰》中的性儘管藏在瘋子愛少女的故事背後，但也回應了真實；我發現

D.H. 勞倫斯從女性視角出發寫性，也十分有說服力。在個體意識的小宇宙中，性事所占比重雖大但也不是鋪天蓋地；就讓我們試著給它合適的尺度吧。

評：現在我們來談談《馬人》吧。如果我的判斷正確，這是一部形式上沒有什麼特色的小說，所以我想知道為何你卻對它情有獨鍾。

厄：嗯，好像在我的記憶裡，這是我最快樂、也最真實的書。我拿起來讀上幾頁，看到考德威爾在堅持討好一個吃蛾子的流浪漢，而此人正是酒神狄俄尼索斯，我就開始笑。

評：是什麼讓你決定使用這種神話的平行？

厄：起先我很受赫克力士神話中喀戎（Chiron）傳說的感動，這是古典作品中少見的自我犧牲的例子，而且他的名字很巧也同基督（Christ）有相似處。這本書開始是想宣傳這則神話。我在如下植入了神話：擴大彼得的懷舊感作用的必然結果；考德威爾的排斥感以及他所遭遇神祕事物的戲劇化手法；理想性與乏味實際層面的一種對照；眾多玩笑話的一種托辭；為了嚴肅地表達我的一種感覺，即我們遇見的人都帶著偽裝；為了掩蓋一些神祕的事情，也許是我們心中的原型或渴望。在我看來，我們會先入為主地喜歡某些女人更甚於別的女人。

評：為什麼你沒有用這種形式多寫幾部作品呢？

厄：但是我在其他地方也用到了神話形式。除了寫崔斯坦和伊索德的短篇小說外，在《貧民院集市》裡有聖史蒂芬的故事；在《兔子，快跑》裡有彼得兔的故事。有時候它是半意識的，比如我到最近才理解布魯爾城，帶著花盆色的那座磚城，不就是蠻哥古里古先生尋找彼得兔時翻過的花盆呀。而在《夫婦們》中，皮特不僅是哈內瑪（Hanema）或阿尼瑪（anima）[8]或生命（Life），他也是羅得，那個留下了妻子，帶著兩個處女女兒逃離了索多瑪的人。

評：當然，崔斯坦的故事很像《馬人》，但儘管你的其他小說裡有神話或《聖經》故事的元素，它們並沒有像《馬人》裡那樣凸出，所以請允許我重新組織一下問題。為什麼你在其他書裡沒有讓這種平行結構更為明顯呢？

厄：噢，基本上我不覺得這樣的平行應該很明顯。我認為書應該有祕密，就像人那樣。這些祕密應該成為敏感讀者的額外獎賞，或者是一種潛意識的顫動。我不覺得二十世紀小說家的責任只是重新把老故事再講一遍。我常常感到好奇，艾略特在他那篇著名的談《尤利西斯》的散文裡要講什麼？他的意思是我們自己如此缺乏心靈能量、缺乏精神的和原始的力量，所以便只能重複老故事嗎？他的意思是人類的愛、死、徬徨，某些已被克服的挑戰或某些把我們打垮的挑戰，已經擁有了經典敘述形式嗎？我實在不太明白艾略特的意思。我知道我們肯定都會受到一些老故事的吸引，我們這一代人不是讀《聖經》長大的，希臘神話故事倒是更為普遍，它們肯定比希伯來故事更能滋養現代創作。（不過請讀齊克果在《恐懼與戰慄》中對亞伯拉罕和以撒故事的精彩重寫。）比如佛洛伊德就以之命名了不少精神狀況。

我讀過一些古老的傳奇——《貝奧武夫》和《馬比諾吉昂》，想要找出故事的最基本形態，一個故事到底是怎樣的？為什麼人們喜歡聽？它們是一種經過偽裝的歷史嗎？抑或更有可能的是，它們是一種排遣焦慮的方式，令之轉化對著一種虛構的故事，從而達到滌蕩淨化的效果？無論如何，我感到在敘述奔湧時對這種資源的需求，也許喚醒了我那些隱藏在記憶深處的典故。這很有趣，有些事情你在做的時候並沒有意識；我意識到皮特就是羅得，我也意識到皮特和福克茜就是崔斯坦和伊索德，但我沒有意識到他就是唐璜。有一天我收到來自衛斯理大學（Wesleyan）的讀者寄的一封精彩長信，用唐璜傳奇分析了這本書，並找出了無數極有啟發的相似之處。他認為歷史上的唐璜們都出現在大帝國的轉折時期，經典唐璜出現在西班牙剛剛失去尼德蘭之時，皮特的活動時期恰好也是我們在越南失利之時。這些對我都很新鮮，而一旦有人提出如此說法，聽起來還頗對頭。我會把這封信再看一遍。它為我引出了某種基本的和諧、與西方意識原型的某種重合，我很樂意接受這些。

評：讓我們從神話轉向歷史吧。你曾表示有寫總統布坎南的願望，但是就我目前觀察的結果，美國歷史通常在你的書中根本不存在。

厄：不是這樣，恰恰相反。在我的每部小說中，都有確切的年代和在任總統，《馬人》講的是杜魯門時期，《兔子，快跑》是艾森豪時期。《夫婦們》只可能在甘迺迪時代發生；書中描述的社會潮流有其專屬的年代，就像草地裡的花朵只在夏日盛開一樣。即便《貧民院集市》裡，也有一位洛文斯坦總統。如果《農莊》裡沒有提到總統的名字，可能是因為那本書的內容怪誕地發生在未來，雖然只是寫作時一年之後的未來—— 這未來如今已是過去了。胡克、考德威爾、阿珀史密斯一家都會談歷史，而且日常瑣事時常點綴著報紙頭條，隱約地、下意識地卻足夠堅定地影響著人物的觀感：皮特邁出了引誘福克茜的第一步，很明顯是受了甘迺迪孩子之死的影響；而《馬人》中瀰漫的驚恐氣氛是冷戰早期的預示。我的小說講述普通人的日常生活，比歷史書包含更多歷史，正如考古學比宣戰和政府更迭的列表包含更多栩栩如生的歷史。

評：那麼暴力呢？很多評論文章抱怨甚至指責你的小說裡沒有暴力，而我們的世界中有很多暴力存在。為什麼你對暴力惜墨如金呢？

厄：我的生活裡幾乎沒有暴力。我沒打過仗，連架也沒打過多少次。我不認為一個生活中信奉和平主義的人應該在小說裡假裝暴力。比如納博科夫寫的那種血淋淋的事情，我覺得更像文學想像而不真實。史派克書裡的暗殺是我們在腦海裡犯下的；梅勒最近的暴力行為虛有其表，就像菲德勒（Leslie Fiedler）乾嚎著要更多更多。我對我筆下的人物有一種溫情，不允許自己對他們施暴。總的來說，本世紀北美大陸上沒什麼大災難發生，我也沒見證什麼生靈塗炭的景象。我所有的小說都以假死結尾，或可說是部分死亡。如果真有一天我活著看到了一場大屠殺，我肯定自己能夠提高表述暴力的能力；但如果沒有的話，我們也不要為了時髦的幻想而濫用在出版業中的特權。

評：嗯，我敢肯定，所有讀過你小說的人都會對「事實的精確性」

印象深刻。比如，你可以提供惠特曼[9]談論光合作用的資料，或者皮特談論建築修復的知識。你是主動研究了這些內容，還是靠已有的知識呢？

厄：嗯，兩者都有吧，我很高興你覺得它們有說服力。我從來不敢太確信。一個一輩子都花在生物化學或者造房子上的人，他的大腦會朝特定的方面傾斜。我覺得讓專家向我解釋是非常困難的事，每次我問他們一些智性的問題、正確的細微差別——我都覺得要在頭腦裡重構一個花了二十年鑽研的人的頭腦很困難，然而還是要努力嘗試。當代小說中對於世界（除了學術世界）是怎樣運作的描述很薄弱。我的確嘗試了，特別是在這部小說中，去給人物設定職業。蕭伯納的戲劇中有各種各樣的職業，他對經濟發展的瞭解一是幫助他去關心，二是幫助他去表達、去探索一個掃煙囪的人或者一位大臣的祕密。一本書對於讀者的最低責任之一便是事實正確，這和版式舒適、校對正確一樣。作家的基本道德要求是你至少應該試著去想像技術細節，好比想像情感和對話一樣。

評：我想問個關於《貧民院集市》的問題。許多人對康納的愚蠢感到厭煩，他似乎太容易成為笑柄，你覺得這批評能成立嗎？

厄：我得再讀一遍書才知道。可能是因為我對於我想讓他代表的那些東西沒有什麼同情。當然，一個作家沒有資格改變讀者的反應。表現如何已經定了，如果我無法真的給你鮮活感，那麼我現在說什麼都不管用。但對我來說，康納是《馬人》裡考德威爾的預備習作，兩人都有肥厚的上唇和一種愛爾蘭特性，一種堅韌、一種——他們都不太守規矩，我想到他們的時候會注意到這點。

我沒有打算諷刺他們。我可能會否定他們，但不會諷刺。我不覺得我寫的任何一部小說中有哪怕任何一絲諷刺的意圖。你不能為了諷刺而犧牲小說人物，因為他們是你的創造品。你必須且只能愛他們。我覺得我在創造康納的那一刻並沒有盡全力去愛他，沒有盡全力讓他的頭腦和心靈活起來。

評：你說從不諷刺你筆下的任何人物，《醫生的妻子》可不就是例外嗎？

厄：你覺得我在《醫生的妻子》中諷刺了嗎？我是在批評醫生的妻子。的確，我有時覺得她是個種族主義者，但我並沒有嘗試，或者說我不覺得我在嘗試把她變得好笑，只因為她是個種族主義者。

評：你的詩歌中有些諷刺，不是嗎？但是我很好奇，為什麼你只寫輕鬆的詩而少有例外？

厄：我是從寫輕鬆的詩開始寫詩歌的，這是一種文字式的卡通。有幾年裡我為《電線杆》寫了不少嚴肅詩，但我還是與戲劇所依賴的押韻保持了距離，那是柏格森所說的有機體上包裹的機械殼。但是輕鬆的詩在押韻和韻律學之中加入了一些科學發現，有很嚴肅的意義——宇宙科學向我們揭示的一切與我們的原始想像簡直毫無關聯。當此類詩歌創作順暢時，我所獲得的愉悅和滿足感不亞於任何其他形式的文學活動。

評：你已經發表了幾乎所有文學形式的作品，只除了戲劇，為什麼沒有涉足這一形式呢？

厄：我自己不喜歡看戲劇。它們總是有一個人在沒完沒了地說，而我常常聽不見。我記得上一次看的戲是《微妙的平衡》，我的座位靠著牆，牆那邊的卡車一直在換檔變速，於是我幾乎啥也沒聽見。畫著濃妝的人們站在一個舞台上說著幾個月來一直重複的話，這種非現實感實在令我無法視而不見。而且我覺得劇院是個流沙池，會把金錢和能人都吸進去。布羅基（Harold Brodkey）是個跟我年紀差不多大的優秀作家，他消失了五年投身於一齣話劇，卻從未上演過。從吐溫、詹姆斯到福克納、貝婁，兼為劇作家的小說家的歷史實在悲涼。小說家不適宜寫話劇，正如優秀的長跑運動員不適合跳芭蕾。戲劇是話語的芭蕾，而在這個等式中，我對芭蕾持強烈的保留態度：它不算完美，甚至很無聊。話劇的模仿能力只能達到小說的一小部分。從莎士比亞到程度更低的蕭伯納，他們的戲劇都是為相熟的演員寫「急轉彎」之類的練習;如果沒有肯普（Will Kempe），就沒有法斯塔夫（Falstaff）。假如沒有此類的親密關係，一齣戲劇具有生命力的機率微乎其微。我覺得目前的美國劇院主要是一個社交場所。

評：如果我沒記錯，你曾經表達過想寫電影劇本的願望。我覺得《兔子，快跑》特別有鏡頭感。目前你有這樣的計畫嗎？
厄：《兔子，快跑》最初的副標題就是「一部電影」。用現在式敘述的部分原因就是要表現一種劇場感。開頭的男孩們打籃球的場景正是為了配合標題和鳴謝。然而這不表示我真的要寫一部電影劇本，只說明我想表現一部電影。我自己寫一本書達到這一目標要比通過好萊塢更實際。

評：你覺得電影能夠教育小說家嗎？

厄：我不敢說。我覺得我們生活在一個視覺主導的時代，電影、圖形藝術、繪畫藝術常常糾纏著我們，糾纏著寫字的人。在對霍格里耶（Robbe-Grillet）及其理論的評論中，我表達了我們的妒忌之情。簡言之，我們妒忌是因為視覺藝術俘獲了所有的風流人物——富人和年輕人。

評：你有沒有覺得，影像的直接性和完整性使得小說家處於劣勢，所以得奮起直追？你有這種感覺嗎？

厄：噢，當然。我覺得我們太貪圖成功了，想拓寬吸引力。做一部電影真的不需要太多力氣，它就那樣直衝向我們，好像牛奶倒進杯子，當然得要花點腦力，把紙上的一堆機械記號變成活動的影像。所以，當然了，你說的是，電影的力量十分強大，能把傻瓜變成天才，這讓我們著迷，將我們催眠……我不明白的是，模仿這種即時性、影像的不斷切換，跟小說家的藝術有什麼關係。我認為小說從兩種源頭發展而來：歷史敘述和書信。私人信件、書信體小說、理查生（Richardson）的小說現在僅被視為一種絕技，但的確具有電影般的即時性，時間在紙頁上流淌。然而在當代小說中，這只是支流；我們現在感興趣的是作為歷史的小說，敘述過去的事情。敘述過去的事情但少了那個主導、健談、坦白、說教式的作者，或許多少已成為死去的傳統。也就是說，任何上過寫作課的人都會被告知：作者凌駕於人物之上給讀者發信號（正如狄更斯那樣）是多麼陳腐、糟糕。然而我覺得在這種權威中——作者就是上帝，一個愛說話、嘮叨的上帝，整本書都充斥著他的宇宙——有些東西失落了。現在我們面對過去式，有一種不置可否的死態：上帝兩手一攤，不管事兒了。我們恐怕是兩頭落空。

《夫婦們》某種程度上是一部舊體小說，我對最後三十頁（那命運轉變的逐漸積累直至高潮）尤其滿意。從一個人物寫到另一個人物，我讓自己有了一種飛翔感，好像征服了空間。而在《兔子，快跑》中，我喜歡用現在式。你可以用一種過去式無法提供的奇特輕鬆感，在不同的頭腦、思想、物體和事件之間遊走。我不太確定這種感覺對於讀者來說是否像作者那樣清晰，但現在式中的確有種詩意和音樂性。我不知道自己為何沒有再寫一整本現在式的小說。開始時我只是實驗一下，但每寫一頁，就越覺得自然合宜；我在寫《馬人》時也一直被現在式吸引，於是最後有整整一章用了現在式。

評：你說到現在的作者不情願越過人物發訊息時似乎有些遺憾。我對你對三位當代作家的評價很感興趣，他們似乎都很願意直接給讀者訊息。我想提的第一位是沃倫（Robert Penn Warren）。
厄：對不起。我對沃倫的文字還不夠熟，難以評論。

評：那麼巴思（Barth）呢？
厄：巴思我不算太瞭解，但是我讀過他的頭兩本小說以及最近兩本小說的一部分，還有些短篇。我也認識他本人，他是一個很討人喜歡、有吸引力、謙遜的人。他和我差不多是同齡人，出生地也挺近，他生在馬里蘭，我在賓州東南部。我對他的作品時而熟稔，時而反感。我覺得他重重地撞到了虛無主義的地板，然後滿身煤塵地回到我們面前。當我們橫穿巴思的動盪年代和高尚情操時，會接近靈魂深處。我最喜歡的他的書是《漂浮的歌劇》，和《貧民院集市》一樣，以狂歡結束，是對活著這一事實的無腦慶祝。至於現在，巴思對我來說是從另一個星球來的，極有主見、富創造力、強而有力的聲音；他的小說中有些來自別的世界的東西，既炫目又空洞，至少對我而言，我寧可去天王星也不願通讀《羊孩賈爾斯》。

評：那你怎麼看貝婁？

厄：貝婁身上有種小教授的影子，一個教授小妖精一直在小說人物邊拍翅膀，我不確定這種聲音是不是我最喜愛的貝婁人物。他總在那裡，在句子後面發表感歎式的評論，發表些小意見，總的來說是在邀請我們參與道德判斷。這個人（我認為就是作者）導致小說結尾失焦。小說中段的細節如此豐富，充滿魅力以及對生命的愛，我記得《雨王亨德森》裡他回憶著如何在懷孕妻子的肚子上擦油以撫平妊娠紋。正是這個教授，這個熱切關心社會問題的傢伙，為了想讓我們成為更好的人，把結尾弄糟了，不一定是大團圓，但一定會指明道路。他太在乎這些，以至於會特意召喚出一個小角色，讓它通篇打滾。

作者出現的普遍問題，我覺得是一個作者變成明星，那時候就很討厭。在沙林傑的晚期作品還有梅勒的大部分作品中，作者會以大人物的姿態出現，有一群青少年等在那裡聆聽他們的教誨。我不覺得這種退回到契訶夫之前的做法有什麼意義。當然，假裝作者不存在也只是一種姿態罷了。可能荷馬式的作者比較合適，他在那裡，但是毫不重要，受著國王的壓迫。

評：那你怎麼看裝腔作勢的文化？我是說，你怎麼看巴塞爾姆（Barthelme）這樣的作家？

厄：他是某種類型的藝術總監，就像凱魯亞克的作品是一種回應潑灑繪畫的潑灑式寫作。所以巴塞爾姆的短篇小說和一部中短篇在我看來像是一種在散文裡加上流行素材的嘗試。你知道，這一方面像是沃荷的金寶湯罐頭，另一方面像是《白雪公主》裡七個小矮人在做的中國嬰兒食品 [10]。然後你再次感受到了一種硬邊寫作 [11]。他在一個短篇裡寫過，除非是個傻子，堅硬的、栗色的詞語給任何人都能帶來審美滿足感。我還覺得他的小說中沒有寫到的東西也很重要，因為那些不出現在他小說中的東西，通常是陳詞濫調。

的確，我覺得他很有趣，是作為一個文化圖景中的投機取巧者而更加有趣，而不是對我心靈歡唱的人。這麼講大概會被誤會吧。

評：那麼那些影響過你的作家呢？沙林傑？納博科夫？

厄：我從沙林傑的短篇中學到了很多，他移走了那些聰明人的小敘事，那些三、四十歲人愛誇耀的人生片段。正如大部分創新藝術家，他為無形創造了新空間，描寫了一種似乎真實存在過的生活。我想到的是〈就在跟愛斯基摩人開戰之前〉，並非〈為埃斯米而作〉，後者已經顯示出過於情緒化的徵兆。至於納博科夫，我欽佩他，但只願意效仿他對這一行的高度奉獻精神，他寫的書不會濫竽充數，值得一讀再讀。我覺得他對美學範式、西洋棋謎題以及鱗翅目蝴蝶保護色的描寫挺特別。

評：那麼格林（Henry Green）呢？或者奧哈拉（O'Hara）？

厄：格林的語調、他對真實的探索、他營造的那種洞察一切卻不兜售任何主意的氛圍，我很樂意擁有，如果我能做到的話。單就視覺和聽覺的透明感而言，我覺得當世作家還沒有能與他媲美的。啊哈，他有十年拒絕寫作，我假設那是為了表現他對生命本身的終極擁戴。奧哈拉的一些短篇裡也有一種罕見的透明感、新鮮感和出乎意料。好的藝術作品將我們直接帶回外在現實，它們解釋，而不是提問或者模仿。

評：你剛才提到了凱魯亞克（Kerouac），你對他的作品怎麼看？
厄：像凱魯亞克那樣在傳真紙上飛速寫作的作家曾經令我警覺，而現在我能夠更平和地看待這些了。對於寫作必須優美而細心的觀念提出質疑，也許有其道理可言；也許粗枝大葉的寫法能夠得到一些細緻寫作無法得到的東西。實際上我自己也不完全是小心翼翼的，一旦靈感啟動，我寫得相當快，而且不太修改，我從來不會先寫大綱，或者刪掉整段，或者苦苦掙扎。順利則好，不順利的話，我最後會停下來走人。

評：你說的「粗枝大葉的寫法能夠得到一些細緻寫作無法得到的東西」是指什麼？
厄：這就要追究到什麼是語言的問題。在如今這個眾人皆識字的時代之前，語言曾是一種口頭的東西。說話時，有一種低度的緩慢。在試圖把詞語看做鑿子雕琢時，你陷入了失去言語特點的危險，包括話語的節奏感、快樂感。比如馬克 · 吐溫，形容一架木筏撞到橋樑時這樣寫道：「像閃電擊中一盒火柴那般散了架。」「散架」這個詞只有從一個健談的人口中說出來才有美感，這個人成長在健談的人群中，人們對著他說而他自個兒也喜歡說。我意識到自己缺乏此種儲備，這種口語化的儲備。有一次一個羅馬尼亞人對我說，美國人總是在講故事。我不確定現在還是不是像以前那樣。我們曾經坐在紡紗機前，現在則面對電視，接受圖像。我甚至不確定更年輕的一代人是否知道如何八卦。但是，對於一個作家來說，如果他有故事要講，也許他應該像講話那麼快地把字打出來。我們必須往有機世界而非無機世界中尋找隱喻；而正因為有機世界有休養生息的階段和高速發展的階段，所以我覺得作家的寫作進程也應該有機地變化。但是無論你編織的速度是快是慢，都應該在內心感到一種緊迫感。

評：在《大海同緣》中你否定了人物性格和心理刻畫是小說的首要目標，那你覺得什麼更重要？

厄：我寫《大海同緣》是在幾年前了，我相信我當時的意思是，敘述不應該成為心理洞察的主要包裝，當然敘述可以包括心理洞察，像小甜餅裡的葡萄乾。但是實質依然是麵糰，這才能夠給故事提供養料，使之有行動、有懸念、有解決。就我的經驗而言，作者的最深層的自豪，並不在於偶然的智慧，而在於有能力推動大批形象有組織地前進，在自己的手中感受到生命的滋長。然而無疑地，小說也是一種窺探，我們讀小說時好像正看進別人的窗戶，聽八卦，看別人做什麼。小說歡迎對一切事物的洞見，但沒有一種智慧能夠代替那種對行動和模式的直覺，抑或是一種野性的願望，透過你的聲音，要想奴役他人的靈魂。

評：說到這點，再聯繫到你對「不明朗事實」的喜愛，你覺得自己跟「新浪潮派」小說家相似嗎？

厄：以前是。我把《貧民院集市》當成反小說來寫，並且發現薩洛特（Nathalie Sarraute）對現代小說困境的描述十分有用。我很為一些當代法國小說的冷靜外表所吸引，像他們一樣，我也想在敘述的民主化中給冷冰冰、死氣沉沉的風格投上一票。但是基本上，我描述事物不是因為它們的沉默嘲弄了我們的主觀性，而是因為它們似乎是上帝的面具。我想加一句，在小說中，除了形象兜售之外，也有形象製造的功能。創造一個像泰山那樣粗糙而普遍的形象，從某種意義上說比詹姆斯（Henry James）的小說更有成就。

評：作為一個技巧專家，你覺得自己有多少非傳統的因素？

厄：視需要而定。好比一張白紙，這就是絕對的自由，一定要利用。我從一開始就警惕虛假、慣性的東西。我認為生活是多層次而模棱兩可的，但我試著不把這種看法強加給讀者，我時刻注意著與理想讀者保持一種在做買賣的感覺、一種商量的餘地。中產階級的家庭衝突，性與死對於會思考的動物成了難解之謎，作為犧牲的社會存在，不期而遇的快感和回報，作為一種進化形式的衰敗——這些都是我的主題。我試著在敘述的形式中達到一種客觀性。我的作品是思考，不是訓話，所以現在進行的訪談感覺上像是一種揠苗助長、一種裝模作樣。我覺得我的書不是論戰中的教諭或指令，而是一種客觀實在，具備任何存在物都有的不同形狀、質地和神祕性。我兒時對藝術的第一個想法就是：藝術家為世界帶來了某種新事物，同時他沒有破壞任何其他事物。這似乎是一種對物質守恆定律的駁斥。這對我來說仍然是其重大魔法、

即藝術之樂的核心。（盛韻／譯）

（原載《巴黎評論》第四十五期，一九六八年冬號）

1 喬治・赫伯特（George Herbert, 1593—1633），威爾斯詩人、新教牧師，其詩歌段落常如天使的翅膀般展開。

2 奧林格（Olinger）是厄普代克虛構的一小鎮名，位於賓夕法尼亞州。厄普代克寫有短篇集《奧林格故事集》。

3 喬治・考德威爾（George Caldwell）是厄普代克所寫《馬人》的主角。

4 喬伊・羅賓森（Joey Robinson），厄普代克短篇《農莊》（Of the Farm）的男主角。

5 皮特・哈內瑪（Piet Hanema），《夫婦們》（Couples）的角色。

6 約翰・努德霍爾（John Nordholm），*The Happiest I've Been* 的主角；大衛・科恩（David Kern），短篇〈鴿羽〉（Pigeon Feathers）的主角；艾倫・道（Allen Dow），短篇〈航班〉（Flight）的主角。

7 卡爾・巴特（Karl Barth, 1886–1968），瑞士新教神學家，新正統神學的代表人物之一。

8 榮格用語，一譯女性潛傾，意即男性心中的女性意象。

9 惠特曼（Ken Whitman），《夫婦們》書中角色，福克茜的丈夫，微生物學家。

10 這裡所指的是唐納德・巴塞爾姆（Donald Barthelme, 1931–1989）的後現代小說《白雪公主》。

11 硬邊（hard-edge），原指一種抽象畫風格。

賈西亞 · 馬奎斯

Gabriel Garcia Marquez

El otoño del Patriarca

callejero que por cinco centavos recitaba los versos del olvidado poeta Rubén Darío y había vuelto feliz con una morrocota legítima con que le habían premiado un recital que hizo sólo para él, aunque no lo había visto, por supuesto, no porque fuera ciego sino porque ningún mortal lo había visto desde los tiempos del vómito negro, pero sabíamos que él estaba ahí, puesto que el mundo seguía, la vida seguía, el correo llegaba, la banda municipal tocaba la retreta de valses bobos bajo las palmeras polvorientas y los faroles pálidos de la Plaza de Armas, y otros músicos viejos reemplazaban en la banda a los músicos muertos. En los últimos años, cuando no se volvieron a oír ruidos humanos ni cantos de pájaros en el interior y se cerraron para siempre los portones blindados, sabíamos que había alguien en la casa presidencial porque de noche se veían luces que parecían de navegación a través de las ventanas del lado del mar, y quienes se atrevieron a acercarse oyeron desastres de pezuñas y suspiros de animal grande detrás de las paredes fortificadas, y una tarde de enero habíamos visto una vaca contemplando el crepúsculo desde el balcón presidencial, imagínese, una vaca en el balcón de la patria, qué cosa más inicua, qué país de mierda, pero se hicieron tantas conjeturas de cómo sería posible que una vaca llegara hasta un balcón si todo el mundo sabía que las vacas no se trepaban por las escaleras, y menos si eran de piedra, y mucho menos si estaban alfombradas, que al final no supimos si en realidad la vimos o si era que pasamos una tarde por la Plaza de Armas y habíamos soñado caminando que habíamos visto una vaca en el balcón presidencial, y desde entonces nada se volvió a ver ni nada se volvió a oír en muchos años, sólo la bandada densa de gallinazos que vinieron de donde estaban siempre adormilados en la cornisa del hospital de pobres, vinieron más de tierra adentro, vinieron en oleadas sucesivas desde el horizonte del mar de polvo donde estuvo el mar, volaron todo un día en círculos lentos sobre la casa del poder hasta que un rey con plumas de novia y golilla encarnada impartió una orden silenciosa y empezó aquel estrupicio de vidrios, aquel viento de muerto grande, aquel entrar y salir de gallinazos por las ventanas como sólo era concebible en una casa sin autoridad, de modo que subimos hasta la colina y encontramos en el interior desierto los escombros de la grandeza, el cuerpo picoteado, las manos lisas de doncella con el anillo del poder en el hueso anular, y tenía todo el cuerpo retoñado de líquines minúsculos y animales parasitarios de fondo de mar, sobre todo en las axilas y en las ingles, y tenía el braguero de lona en el testículo herniado que era lo único que habían eludido los gallinazos a pesar de ser tan grande como un riñón de buey, pero ni siquiera entonces nos atrevimos a creer en su muerte porque era la segunda vez que lo encontraban en aquella oficina, solo y vestido, y muerto al parecer de muerte natural durante el sueño, como estaba anunciado desde hacía muchos años en las aguas premonitorias de los lebrillos de las pitonisas. La primera vez que lo encontraron, en el principio de su otoño, la nación estaba todavía bastante viva como para que él se sintiera amenazado

馬奎斯《獨裁者的秋天》的一頁手稿。

加布爾・賈西亞・馬奎斯在他的工作室裡接受採訪。他的房子位於聖・安赫爾・伊恩（San Angel Inn），墨西哥城花團錦簇的一個古舊而美麗的街區。工作室就在房子的背後，離主屋不過幾步之遙。這座低矮長形的建築，好像原先的設計是用來做客房的。屋內，一頭陳放著一張沙發臥榻，兩把安樂椅，還有一個臨時湊合的吧台——白色小冰箱上頭貯放著礦泉水。

房間裡最惹人注目的，是沙發上方一幅馬奎斯的放大獨照，他身披時髦的短斗篷，在某處街景背風而立，看起來有點神似安東尼昆。馬奎斯就坐在工作室遠端的書桌前。他過來向我問好，走起路來步履輕捷，精神抖擻。他的身板結實，大概只有五呎八、九吋高，看起來像是一個出色的中量級拳手——胸脯寬厚，但兩條腿可能有點兒細瘦。他身著便裝，燈芯絨寬鬆褲，一件淺色的高領套頭衫，腳蹬一雙黑皮靴子。頭髮是鬈曲的深褐色。他還留著一撇厚厚的唇髭。

訪談分作三個午後臨近黃昏的時段進行，每次會面大約兩小時。儘管馬奎斯的英語說得相當好，但是大部分時間他都是說西班牙語，他的兩個兒子一起做翻譯。馬奎斯說話的時候，身體經常是前後搖擺，雙手也經常晃動，做出細微而明確的手勢，強調某個觀點，或是表示思路要變換方向。他時而前傾靠向聽者，時而往後一坐架起二郎腿，一邊用沉思的語調說話。

——彼得・H・史東（Peter H. Stone），一九八一年

《巴黎評論》（以下簡稱「評」）：你對使用錄音機有何感受？
賈西亞・馬奎斯（以下簡稱「馬」）：問題在於，當你知道採訪要錄音，這個時候你的態度就變了。拿我來說吧，我馬上會採取一種防衛的態度。作為一個新聞工作者，我覺得我們還是沒有學會怎樣用錄音機做採訪。最好的辦法，我覺得是一次長談而記者不做任何筆記。過後他應該去回憶談話的內容，照他所感覺到的印象寫下來，倒不一定要照搬原話。另一種管用的方法是記筆記，然後本著對受訪者一定程度的忠誠，把它們詮釋出來。錄音機惱人之處在於它把什麼都錄下來，而這對於被採訪的人並不忠誠，因為，哪怕你出了洋相，它還錄下來記著呢。因此，有一台錄音機在，我就會意識到自己是在接受採訪，而要是沒有錄音機，我就會用不刻意且相當自然的方式說話。

評：呵，你讓我覺得用它都有點兒內疚了，不過我想，這種類型的採訪我們可能還是需要它吧。
馬：反正我剛才那麼說的目的，無非是要讓你採取守勢。

評：那你自己做採訪就從來沒有用過錄音機嗎？
馬：作為一個新聞工作者，我從來沒有用過。我有一台非常好的錄音機，不過我只是拿它來聽音樂。但當記者的時候，我從來沒有做過採訪。我做的是報導，從未做過一問一答的採訪。

評：我倒聽說過有一篇很有名，採訪一位遭遇船難的水手。
馬：那不是用問答方式進行。那位水手只是跟我講他的歷險故事，而我是用他自己的話、用第一人稱把它們重新寫出來，就好像他是寫作的人。作品在一家報紙上以連載的形式發表，每天刊出一部分，登了兩個禮拜，當時署名的是那個水手，不是我。直到二十年後重新發行，人家才發現那是我寫的。在我寫了《百年孤寂》之前，可沒有一個編輯認識到它寫得好。

評：既然談到新聞業，那麼寫了這麼長時間的小說之後，重新做一名記者的感覺如何呢？用的是不同的感覺或不同的觀察嗎？
馬：我一直相信，我真正的職業是記者。以前我所不喜歡的是從事新聞業的那種工作條件。再說，我得把思想和觀念限定在報紙的興趣範圍內。現在，以小說家的身分工作，並以小說家為業取得經濟獨立之後，我確實可以選擇那些讓我感興趣、符合我思想觀念的主題。不管怎麼說，我總是非常高興能有機會去寫一篇報導傑作。

評：對你來說怎樣才算是一篇報導傑作？
馬：赫爾西（John Hersey）的《廣島》是一篇罕見的作品。

評：現在有你特別想寫的報導嗎？
馬：很多，有幾篇事實上我已經寫了。我寫了葡萄牙、古巴、安哥拉和越南。我非常想寫一寫波蘭。我想，要是我能確切地描寫眼下所發生的事情，那就會是一篇非常重要的報導了。不過，這會兒波蘭太冷了，而我是那種好逸惡勞的新聞工作者。

評：你認為有什麼是小說可以做，而報導做不到的？
馬：並沒有。我認為沒有什麼區別。來源是一樣的，素材是一樣的，才智和語言是一樣的。笛福（Daniel Defoe）的《瘟疫年紀事》是一部偉大的小說，而《廣島》是一部報導傑作。

評：在平衡真實與想像方面，記者與小說家擁有不同的責任嗎？
馬：在報導中只要有一件事是假的，便損害整個作品。相比之下，小說中只要有一件事是真的，整個作品就能站得住腳。區別只在這裡，而它在於作家涉入的程度。小說家想怎麼寫就怎麼寫，只要能讓人讀了信服就成。

評：在幾年前的訪談中，你好像是以畏懼的心情回顧，那個時候作為記者寫起來要快得多了。
馬：我確實感到現在寫作比以前要難，寫小說和寫報導都是這樣。在為報紙工作時，我並沒有非常在意寫下的每個字，而現在我是很在意的。為波哥大的《觀察家報》工作時，我一週至少做三篇報導，每天寫兩到三篇短評，而我還寫影評。然後在夜裡，大家都回家之後，我會留下來寫小說。我喜歡排鑄機發出的噪音，聽起來就像是下雨聲。要是它們停歇下來，把我留在寂靜之中，就沒法工作了。現在，產量相對是小了。在一個良好的工作日，從上午九點做到下午兩三點，我能寫的最多是四、五行的一個小段落，而這個段落通常到了次日會被我撕掉。

評：這種變化是來自於你的作品受到高度讚揚呢，還是來自於某種政治上的承諾？
馬：兩種因素都有吧。如今我是為更多人而寫，超乎之前所能想像，我覺得正是因為這麼想，才生出某種文學和政治的普遍責任感。這甚至還涉及自尊，不想寫得比從前還差。

評：你是怎樣開始寫作的？

馬：畫畫。畫漫畫。在學會讀和寫之前，我在學校和家裡經常畫連環畫。好笑的是，我現在瞭解到，我上高中時就有了作家的名聲，儘管事實上我根本沒有寫過任何東西。要是有什麼小冊子要寫，或是一封請願書，事情就會落到我頭上，因為我被認定會寫。進了大學之後，我發現自己的文學素養還算不錯，比起朋友們的平均水準要高出許多。在波哥大的大學裡，我開始結交新朋友，他們引導我去讀當代作家。某晚，有個朋友借我一本書，是卡夫卡寫的短篇小說。我回到我住的公寓，開始讀《變形記》。開頭第一句差點讓我從床上跌下來。我驚訝極了。開頭那句寫道：「一天早晨，格里高爾 ・ 薩姆沙從不安的睡夢中醒來，發現自己躺在床上變成了一隻巨大的甲蟲……」讀到這個句子的時候，我暗自尋思，我不知道這麼寫也可以。要是知道，老早就開始寫作了。於是我馬上開始寫短篇小說。那全是一些智性的短篇小說，因為我寫它們是基於我的文學經驗，還沒有發現文學與生活之間的關聯。小說發表於波哥大《觀察家報》的副刊，的確在當時小有所成——可能是因為哥倫比亞沒有人寫智性的短篇小說。當時寫的多半是鄉村生活和社交生活。我寫的第一批短篇小說，那時便有人告訴我說，它們受了喬伊斯的影響。

評：那個時候你讀過喬伊斯了嗎？

馬：我從來沒有讀過喬伊斯，於是我開始讀《尤利西斯》。我讀的是那部唯一的西班牙文譯本。後來，讀過英文的《尤利西斯》

還有非常棒的法語譯本之後，才發現原先的西班牙文譯本是非常糟糕的。但我確實學到東西，對我未來的寫作非常有用——內心獨白的技巧。後來在讀吳爾芙時看出這種技巧，而且我喜歡她的使用方式，更勝於喬伊斯。雖說我後來才認識到，這種內心獨白是《小癩子》的無名氏作者發明的。

評：能說說早年對你有影響的人名嗎？

馬：真正幫我擺脫以智性態度看待短篇小說的，是「迷惘一代」的美國作家。我認識到他們的文學有一種與生活的聯繫，而我的短篇小說是沒有的。然後發生了與這種態度有重要關聯的事件。那就是「波哥大事件」，一九四八年的四月九日，當時一位政治領導人蓋坦（Gaitan）遭到槍擊，然後波哥大的人民在街頭奮起騷亂。聽到消息的時候，我正在公寓裡準備吃午飯。我趕往現場，但是蓋坦剛被塞進一輛計程車送到醫院去了。在我回公寓的路上，人們已經走上街頭，遊行示威、洗劫商店、焚燒建築。我加入群眾。那個下午和晚上，我終於意識到我所生活的這個國家是怎麼一回事，而我的短篇小說與現實的聯繫竟是微乎其微。後來我被迫回到加勒比海濱的巴蘭基亞（Barranquilla），之前我就是在那度過童年的，我認識到那就是我所經歷、熟悉的生活類型，想要寫一寫它。

大約是一九五〇或五一年，另一個事件的發生影響了我的文學傾向。我媽媽要我陪她去阿拉卡塔卡（Aracataca），我的出生地，去把那個房子賣掉，我在那個房子裡度過了最初的幾年。到那的時候我首先感到非常的震驚，因為這會兒我二十二歲了，從八歲離開之後從未回去過。真的什麼都沒有改變，可我覺得我其實並非是在看這座村子，而是在體驗它，就好像我是在閱讀它。這就好像我所看見的一切都已經被寫出來了，而我所要做的只是坐下來，把已經在那裡的、我正在閱讀的東西抄下來。基本上，一切都已經演化為文學：那些房屋，那些人，還有那些回憶。我不太肯定那時是否已經讀過福克納，但我現在知道，只有福克納的那種技巧才有可能把我所看見的寫下來。村子裡的那種氛圍、頹敗和炎熱，跟我在福克納那裡感覺到的東西大抵相同。那是一個香蕉種植園區，住著許多果品公司的美國人，這就賦予它我在「南方腹地」作家那裡發現的同一種氛圍。評論家說我受到福克納的文學影響，可我把它看做是一個巧合：我只不過是找到了素材，而那是要用福克納對付相似素材的相同方法來處理。去那個村子旅行回來，我寫了《枯枝敗葉》，我的第一部長篇小說。阿拉卡塔卡的那次旅行，在我身上真正發生的事情是，我認識到我童年所發生的一切都具有文學價值，而我只是到了現在才有所欣賞。從我寫《枯枝敗葉》的那一刻起，我認識到我想成為一名作家，沒有人可以阻攔我，而我唯一能做的，便是設法成為這個世界上最好的作家。那是在一九五三年，但是直到一九六七年，我已經寫了八本書中的五本之後，才拿到第一筆版稅。

評：你是否認為，年輕作家經常會否認其童年和經驗的價值，並予以智性化，像你最初所做的那樣？

馬：不是的，這個過程通常是反向而行，但如果要我給年輕的作家一點忠告，我會說，寫親身遭遇過的東西吧。作家是在寫他身上遭遇的東西，還是在寫他讀過的、或是聽來的東西，總是很容易辨別。聶魯達的詩中有一個句子說「當我歌唱時上帝助我不需自己發明」。我的作品獲得的最大讚美是想像力，這真有意思，實際上我所有的作品中沒有哪一個句子是沒有現實依據的。問題在於，加勒比地區的現實與最為狂野的想像相似。

評：如今你為誰寫？誰是你的讀者？

馬：《枯枝敗葉》是為我的朋友而寫，他們幫助我，借給我書，對我的作品非常熱心。大體上我認為，通常你確實是為某個人寫作。我寫作的時候總是覺察到這個朋友會喜歡這一點，或者那個朋友會喜歡那一段或那一章，總是想到具體的人。到頭來所有的書是為你的朋友寫的。寫《百年孤寂》之後，問題來了，現在我再也不知道我是在為千百萬讀者中的哪些人寫作，這搞亂了我，也束縛了我。這就像是一百萬雙眼睛在看著你，但不確定他們在想什麼。

評：新聞工作對你的創作有什麼影響？

馬：我想這種影響是相互的。創作對我從事新聞有幫助，因為它賦予文學價值。新聞報導幫助我的創作，因為它讓我與現實保持密切的聯繫。

評：寫了《枯枝敗葉》之後，能夠寫《百年孤寂》之前，你經歷了風格的摸索，你會如何描述這個過程？

馬：寫了《枯枝敗葉》之後，我做出決定，寫那個村子和我的童年其實是一種逃避，逃避我不得不面對的、要去寫的這個國家的政治現實。我有了那種虛假的印象，以為我正在把自己掩藏在這種鄉愁的背後，而不是面對那正在發生的政治性的東西。那個時期，文學和政治的關係得到相當多的討論。我一直試圖彌合兩者之間的溝壑。之前影響我的人一直是福克納，現在則是海明威。我寫了《沒人寫信給上校》、《惡時辰》和《大媽的葬禮》，這些作品差不多都是在同一時間所寫，很多方面都有共同點。這些故事發生在與《枯枝敗葉》和《百年孤寂》的地方不同的一個村子。這是一個沒有魔幻的村子，一種新聞報導式的文學。可是當我寫完了《惡時辰》，我發現我所有的觀點又都是錯誤的。我終於領悟到，我關於童年的寫作事實上比我所認為的要更加富於政治性，與我的國家有著更多的關係。《惡時辰》之後，有五年時間我沒有寫過什麼。對我一直想要做的事情我有了想法，但是缺了點什麼，而我拿不準那是什麼，直到有一天我找到了那種正確的調子——我最終用在《百年孤寂》中的那種調子。它基於我祖母過去講故事的方式。她講的那些聽起來是超自然的、奇幻的，但是她講的時候卻是那麼自然。當我最終找到我得要用的那種調子，我坐了下來，一坐坐了十八個月，而且每天都工作。

評：她如此自然地表達「奇幻」，是怎樣做到的呢？
馬：最重要的是她臉上的表情。她講故事時面不改色，而人人感到驚訝。此前嘗試《百年孤寂》寫作時，我想要講述這個故事而又並不相信它。我發現，得要自己相信才行，而且是用我祖母講故事的那種相同的表情來寫作：情緒不要顯露出來。

評：那種技巧或調子似乎也具有一種新聞報導的品質。你用如此精巧的細節描述那些貌似奇幻的事件，讓它們自有其實際面貌。這是你從新聞這個行業中得來的嗎？

馬：那是一種新聞業的把戲，你同樣可以用在文學上頭。舉個例子，如果你說有一群大象在天上飛，人們是不會相信你的。但如果你說有四百二十五頭大象在天上飛，人們大概會相信你。《百年孤寂》滿是那一類東西。那正是我的祖母所使用的技巧。有個故事我記得特別清楚，主角被黃色的蝴蝶包圍。我還非常小的時候，有位電工來家裡。我非常好奇，因為他拴著一條腰帶，就用那玩意兒把自己懸掛在電線杆上。我的祖母常常說，每一次這個人來，就會留下滿屋的蝴蝶。可是當我寫到這件事情的時候，我發現如果我不說那些蝴蝶是黃色的，人們就不會相信。寫到俏姑娘瑞米迪娥升天這節，我花了很長時間讓它變得可信。有一天我走到外面園子裡，看見常來我們家幫忙的洗衣婦，正把床單掛出去晾乾，當時風很大。她在跟風吵嘴，讓它別把床單颳走。我發現，如果我為俏姑娘瑞米迪娥使用床單的話，她就會升天了。我便那樣做了，使它變得可信。作家都面臨是否可信的問題。什麼東西都可以寫，只要所寫的東西使人相信。

評：《百年孤寂》中的失眠症瘟疫，源自何處？
馬：從伊底帕斯開始，我一直對瘟疫感興趣。我對中世紀瘟疫做了許多研究。我最喜歡的一本書是笛福寫的《瘟疫年紀事》，特別是因為笛福身為一名記者，講述的東西卻似純粹的奇幻。多年來，我還以為笛福是依其親眼所見而寫下倫敦瘟疫。不過後來我發現，那是一部小說，因為倫敦爆發瘟疫時笛福還不到七歲。瘟疫一直是我重複出現的一個主題——而且是以不同形式。《惡時辰》中，那些小冊子是瘟疫。多年來我都覺得，哥倫比亞的政治暴力有著與瘟疫相同的形而上學。《百年孤寂》之前，在一篇題為〈週末後的一天〉的小說中，我用一場瘟疫殺死了所有的鳥兒。在《百年孤寂》中，我把失眠症瘟疫用作是某種文學的把戲，因為它是睡眠瘟疫的對立面。說到底，文學不過就是木工活。

評：能否再稍稍解釋一下那個類比？

馬：兩者都是非常困難的活兒。寫東西幾乎跟做張桌子一樣難。兩者都是在與現實打交道，素材正如木料一樣堅硬。兩者都充滿把戲和技巧。基本上很少有魔術，倒是包含許多苦工。我想，就像普魯斯特說的，它需要百分之十的靈感，百分之九十的汗水。我從未做過木工活，但這個工作我是最欽佩的，特別因為別人根本幫不上忙。

評：《百年孤寂》中的香蕉熱又如何呢？它有多少成分是基於聯合果品公司的所作所為？

馬：香蕉熱是密切地以現實為模本的。當然了，有些未經歷史定論的事情，我使用了文學的把戲。例如，廣場上的大屠殺是完全真實的，但我在以證詞和檔案為依據寫作的時候，根本就不能確切地知道有多少人被殺死。我用的數字是三千，那顯然是誇張的。但我記得，小時候親眼目睹一輛很長很長的火車離開種植園，據說是滿載著香蕉。那裡面說不定是三千死者，最終被傾倒在大海裡。真正讓人驚訝的是，現在他們在國會和報紙上非常自然地談及「三千死者」。我疑心我們的歷史有半數是以這種方式製成的。在《獨裁者的秋天》中，那位獨裁者說，現在不是真的也沒有關係，因為未來的某個時候它會成真。遲早人們寧可相信作家，勝於相信政府。

評：這使得作家非常有權力，是不是這樣？

馬：是，而且我也能夠感覺到這一點了。它賦予我一種強烈的責任感。我真正想要寫的是一篇報導，完全的真實而且實在，但是它聽起來就像《百年孤寂》一樣奇幻。我活得越久，過去的事情記得越多，我越認為，文學和新聞報導是密切相關的。

評：怎麼看一個國家為了外債而放棄它的領海，就像《獨裁者的秋天》裡所寫？

馬：是啊，可那確實是發生過的。之前發生過，以後還會一再發生。《獨裁者的秋天》完全是一本歷史書。從真正的事實中去發現可能性，是記者和小說家的工作，而這也是先知的工作。麻煩在於，很多人認為我是一個魔幻小說作家，而實際上我是一個非常現實的人，寫的是我所認為真正持社會主義的現實主義。

評：是烏托邦嗎？

馬：我不很確定烏托邦這個詞是意味著現實還是理想。可我認為它就是現實。

評：《獨裁者的秋天》中的角色，例如那位獨裁者，是以真實人物為模特兒的嗎？好像與佛朗哥、裴隆和特魯西略（Trujillo）有種種相似之處。

馬：每部小說中的人物都是個拼貼作品：由你所認識、聽說或是讀過的不同人物拼貼而成。關於上個世紀和這個世紀初拉美獨裁者的資料，只要我找得到的全都讀過，我也跟許多曾經生活在獨裁政體下的人談過話。我那麼做至少有十年。然後當我對人物的面貌有了一個清楚的想法時，便努力忘記我讀過的以及聽到過的一切，這樣我就可以發明，無需使用真實生活中已經發生過的情境。某天我體認到，自己這輩子並沒有在獨裁政體下生活過，於是我想，要是在西班牙寫這本書，就能夠看到在公認的獨裁政體下生活會是一種什麼樣的氛圍。但我發現，佛朗哥統治下的西班牙，其氛圍不同於那種加勒比的獨裁政體。於是那本書被卡住了有一年光景。缺了點什麼，而我又拿不準缺的是什麼。然後一夜之間，我做出決定，咱們最好是回加勒比去。於是我們全家搬回到哥倫比亞的巴蘭基亞。我對記者發布了一個聲明，他們都以為是開玩笑。我說，我回來是因為我忘記芭樂聞起來是什麼味道了。說真的，我確實需要那些才有辦法完成這本書。我在加勒比海地區做了一次旅行，都是些島國。旅程中，我找到了那些元素，而那是我的小說一直缺乏的。

評：你經常使用權力者的孤獨這個主題。

馬：你越是擁有權力，你就越是難以知道誰在對你撒謊而誰沒有。當你到達絕對的權力，你和現實就沒了聯繫，而這是最糟糕的孤獨類型。一個非常有權力的人，一個獨裁者，被利益和人們所包圍，那些人的最終目標是要把他與現實隔絕；一切都是在齊心協力要孤立他。

評：如何看待作家的孤獨呢？有區別嗎？

馬：它和權力者的孤獨大為相關。正是作家描繪現實的那個企圖，經常導致他用扭曲的觀點去看待現實。為了試圖將現實變形，他最終會與現實失去接觸，在一座象牙塔裡，就像他們所說的那樣。對此，新聞工作是一種非常好的防範。我一直想要不停地做新聞工作就是這個原因，它讓我保持與真實世界的接觸，尤其是政治性的新聞工作和政治。《百年孤寂》之後威脅我的孤獨，不是作家的那種孤獨;它是名聲的孤獨，與權力者的孤獨更為類似。我的朋友保護我免於那種處境，那些都是老朋友了。

評：怎麼個保護法？

馬：因為我這一生都在設法留住相同的朋友。我的意思是說，我不跟老朋友斷絕或割斷聯繫，靠著他們把我帶回塵世；他們總是腳踏實地，而且他們都不是什麼名人。

評：事情是怎麼開始的？《獨裁者的秋天》中反復出現的一個形象便是宮殿裡的母牛。這個算是原創的形象嗎？

馬：我弄到一本攝影書，待會拿給你看。這話我已經在許多場合說過，我所有作品的起源當中，總是會有一個形象。《獨裁者的秋天》的最初形象，是一個非常老的老人，在一座豪華的宮殿裡，那些母牛走進殿內啃食窗簾布。但是那個形象並不具體，直到我看到那幅照片。我在羅馬進了一家書店，開始翻看攝影書，我喜歡收集攝影書。我看到了這幅照片，恰到好處。我只是看到了它將要成為的那種樣子。既然我不是一個大知識份子，我只好在日常事物、在生活中尋找前例，而不是在偉大的傑作中尋找。

評：你的小說有過出人意料的轉折嗎？

馬：起初那是常有的事。我一開始所寫的那些短篇小說中，對其氛圍有個整體概念，但我會讓自己碰運氣。我早年得到的最好的忠告是說：那樣寫很好，我年輕，因為我的靈感如滔滔激流。但是有人告訴我說，要是我不學技巧的話，以後會有麻煩，到時候靈感沒了，便需要技巧來補足。要是我沒有及時認清那點，我現在就沒法預先將結構勾勒出來。結構純粹是技巧的問題，要是你早年不學會，你就永遠學不會了。

評：那麼紀律對於你是非常重要的囉？

馬：沒有非凡的紀律卻可以寫一本極有價值的書，我認為這是不可能的。

評：怎麼看待人造興奮劑呢？

馬：海明威寫過，寫作之於他就像是拳擊，這讓我印象極為深刻。他注意自己的健康，過得好。福克納有酒鬼的名聲，但是每次受訪他都會說，喝醉酒時哪怕要寫出一個句子都是不可能的。海明威也這麼說過。糟糕的讀者問過我，我寫的時候是否吸毒。但這證明他們對於文學和毒品都是一無所知。要成為一個好作家，你得在寫作的每一個時刻都保持絕對的清醒，而且要保持良好的健康狀態。我非常反對有關寫作的那種浪漫想法：堅持認為寫作的行為是一種犧牲，經濟狀況或情緒狀態越是糟糕，寫得越好。我認為，你得要處在一種非常好的情緒和身體狀態當中。對我來說，文學創作需要良好的健康，而「迷惘的一代」懂得這一點。他們是熱愛生活的人。

評：桑德拉爾（Blaise Cendrars）曾說，較之於絕大部分工作，寫作都是一種特權，而作家誇大了他們的痛苦。你是怎麼看的？

馬：我認為，寫作是非常難的，不過，任何悉心從事的工作都是如此。然而，所謂的特權就是把一件事做到讓自己滿意。我覺得，我對自己和別人的要求都過於苛刻，因為我沒法容忍錯誤；我想那是一種把事情做到完美程度的特權。不過這倒是真的，作家經常是一些誇大狂患者，認為自己是宇宙的中心、社會的良知。不過我最欽佩的就是將事情做得好。我在旅行的時候，知道飛行員在他本行比我這個作家做得更好，總是非常高興。

評：現在你什麼時候工作最好？你有工作時間表嗎？

馬：當我成了職業作家，碰到的最大問題就是時間表了。做記者意味著在夜間工作。我是在四十歲時開始全職寫作的，我的時間表基本上是早晨九點到下午兩點，那個時候我的兒子放學回家。既然我是如此習慣於艱苦的工作，那麼只在早上工作我會覺得內疚；於是我試著在下午工作，但我發現，下午做的東西到了次日早晨得要從頭來過。於是我決定，我就從九點做到兩點半吧，不做別的事情。下午我做約會和訪談，以及其他會出現的什麼事。另外一個問題是，我只能在熟悉而且曾寫出作品的環境裡工作。我沒法在旅館裡或是在借來的房間裡寫作，沒法在借來的打字機上寫作。這就產生了問題，因為旅行時我沒法工作。當然了，你總是試圖找藉口少幹點活，因此你強加給自己的種種條件始終是更加的艱難。不管在什麼情況下，你都期待靈感降臨。這個詞已被浪漫派用乏了，我那些信奉馬克思主義的同志們相當難以接受，但是不管你怎麼稱呼它，我相信有一種特殊的精神狀態存在，在那種狀態中你可以寫得輕鬆自如，思如泉湧。所有的藉口——諸如你只能在家裡寫作啦——都消失了。當你找到了正確的主題以及處理它的正確方式，那種時刻和那種精神狀態似乎就到來了。而你也得真正喜歡那主題，因為，天底下最糟糕的工作莫過於不喜歡的東西還得埋著頭幹。

最困難的一件事情是開頭的段落。我曾經花幾個月的時間寫第一段，一旦找到了，餘下的就會來得非常容易。你在第一段裡頭解決書裡的大部分問題。主題確定下來，風格，調子。至少我是這樣，書的其餘部分會成為什麼樣子，第一段便是樣板。這就是為什麼，寫一部短篇小說集比寫一部長篇小說要難得多。每一次寫短篇，你都得重新開始。

評：夢境是靈感的重要來源嗎？

馬：剛開始的時候，我對它們投入很多關注。但後來我認識到，生活本身是靈感的最大源泉，而夢境只是生活那道激流的一個非常小的組成部分。若說我的寫作對於夢境的不同概念及其詮釋非常感興趣，那可是一點都沒錯。大體上我把夢境看做生活的一部分，現實豐富得多。但也許只是我作的夢都頗乏味。

評：能對靈感和直覺做個區分嗎？

馬：靈感就是你找到了正確的主題，你確實喜歡的主題，而那使工作變得大為容易。直覺，也是寫小說的基礎，是一種特殊的品質，不需要確切的知識或其他任何特殊的學問就能幫助你辨別真實。想要弄懂重力法則，靠直覺要比靠別的容易得多。這是一種獲得經驗的方式，無需勉力穿鑿。對於小說家，直覺是根本。它與理智主義基本上相反，而就其將真實世界轉變為一種不可動搖的理論這方面，理智主義可能是這個世界上我最厭惡的東西了。

直覺要嘛就對，要嘛就錯，這是它的好處；你不需試著把圓釘費力塞進方洞裡去。

評：你不喜歡評論家？

馬：確實如此。主要是因為我沒有辦法真的理解他們。我不得不用趣聞軼事來解釋大部分事物，主要也是這個緣故，因為，我不具有任何抽象的能力。為此，許多評論家說我這個人沒啥文化。我引用得不夠。

評：你會不會覺得評論家把你歸類或劃分得太過武斷？

馬：對我來說，評論家就是理智主義的最佳範例。首先，他們有套理論，作家應該如何如何。他們試圖讓作家塞入他們的模子，而要是他不適合的話，仍然要把他給強行套進去。因為你問了，我只好回答這個問題。評論家怎麼看，我真的一點興趣也沒有，我也好多年不讀評論了。他們自告奮勇充當作家和讀者之間的調解人。我一直試圖成為一名非常清晰和精確的作家，試圖直抵讀者而無需經過評論家這一關。

評：你怎麼看翻譯家呢？

馬：我極為欽佩翻譯家，除了那些使用註腳的人。他們老是想要給讀者解釋什麼，而作家可能並沒有那種意思；它既然在那兒了，讀者也只好忍受。翻譯是一樁非常困難的工作，根本不值得，而且報酬非常低。好的翻譯總不外乎是用另一種語言的再創作。為此我相當欽佩拉巴沙（Gregory Rabassa）。我的書被譯成二十一種語言，只有他從不向我問個明白，以便加上註腳。我覺得我的作品在英語中是完全得到了再創作。書中有些部分字面上是很難讀懂的。人們得到的印象是譯者讀了書，然後根據記憶重寫。這就是我如此欽佩翻譯家的原因。他們是直覺多於理智。不僅僅是出版商付給他們的報酬低得可憐，而且他們也不把自己的作品看做是文學創作。有一些書我本來想譯成西班牙文，但是要投入的工作會跟我寫自己的書一樣多，而且賺的錢還不足以餬口呢。

評：你本來是想譯誰的作品呢？

馬：所有馬爾羅（Marlraux）的作品。我本來是想譯康拉德，還有聖・艾修伯里。有時讀著讀著會有一種感覺，想要譯這本書。除非是偉大的傑作，與其試著看懂原文，我寧可讀它蹩腳的翻譯本。用另一種語言閱讀，我總是覺得很不舒服，因為我真正感覺內行的唯一語言是西班牙語。不過，我會說義大利語和法語，還懂得英語，好得夠我二十年來每週用《時代》雜誌毒害自己了。

評：現在墨西哥像是你的家了嗎？你感覺屬於一個更大的作家社群嗎？

馬：大體上講，我不會僅僅因為他們是作家或藝術家而結交朋友。我有許多各行各業的朋友，其中也有作家和藝術家。總的說來，在拉丁美洲的任何一個國家裡，我都覺得自己是本地人，但在別的地方沒有這種感覺。拉丁美洲人覺得，唯有在西班牙才會受到認真招待，但我本人並不覺得我好像是從那裡來的。在拉丁美洲，我並不覺得有疆域或國界。我意識到國與國之間存在種種區別，但是內心的感覺都是一樣的。加勒比地區讓我真正有家的感覺，不管那是法語、荷蘭語或英語的加勒比。當我在巴蘭基亞登上飛機，一位穿藍洋裝的黑人女士會在我的護照上蓋章，而當我到牙買加走下飛機，又有位穿藍裙子的黑人女士會在我的護照上蓋章，但用的是英語，我總是為此感動莫名。我並不認為語言不同有多大關係。但到了這世界其他地方，我感覺像是一個外國人，那種感覺剝奪了我的安全感。這是一種個人的感覺，但我旅行的時候老是這樣覺得。我自認為屬於少數族裔。

評：你認為拉丁美洲作家去歐洲住上一段時間很重要嗎？

馬：或許是去擁有一種外在的真實視角吧。我正在考慮要寫的一本短篇小說集，講的是拉丁美洲人去歐洲。這問題我已經思考了二十年。要是你能從這些短篇小說中得出一個最終的結論，那麼結論就會是拉丁美洲人幾乎不去歐洲，尤其是墨西哥人，而且當然是住不下來。所有我在歐洲碰到過的墨西哥人，都要在下週三離開。

評：你認為古巴革命對拉丁美洲文學有何影響？

馬：迄今為止是負面影響。許多作家認為自己有政治上的承諾，他們感覺不得不寫的小說，不是他們想要寫的，而是他們認為應該要寫的。這便造成某種經過算計的文學類型，與經驗和直覺沒有任何關係。古巴對拉丁美洲的文化影響一直受到很大的抵制，主要原因是在這裡。在古巴本國，情勢尚未發展到能創造出一種新的文學或藝術類型。那樣的東西需要時間。古巴在拉丁美洲文化上的極大重要性，在於充當了橋樑的作用，把在拉丁美洲已經存在多年的某種類型的文學加以傳播。某種意義上，拉美文學在美國興盛起來，是由古巴革命引起的。那一代的拉美作家每位都已經寫了二十年，但是歐洲和美國的出版商對他們沒有什麼興趣。古巴革命開始後，人們突然對古巴和拉美大為熱衷。革命轉變為一宗消費品。拉丁美洲變得時髦了。人們發現，世上還有拉美小說這種東西，好得足以譯成外語，可以和所有其他的世界文學相提並論。真正可悲的是，拉丁美洲的文化殖民情況是如此糟糕，因此拉美人民自己都不相信他們的小說有多棒，得等到外面的人告訴他們才行。

評：有沒有哪幾位名氣不大的拉美作家讓你特別欽佩？

馬：我現在懷疑到底有沒有。拉美文學勃發的一個最好的副作用，就是那些出版商老在那裡睜大眼睛，確保不要漏掉了新的科塔薩爾（Cortázar）。不幸的是，許多年輕作家關心名氣甚於關心他們自己的作品。有位土魯斯大學的法國教授，寫一些介紹拉美文學的文章；很多年輕作家給他寫信，讓他不要對我寫這麼多，因為我已經用不著了而別人正用得上。可他們忘了，我在他們那個年紀，評論家不寫我，而是寧願寫阿斯圖里亞斯（Miguel Angel Asturias）。我想要強調的重點在於，那些年輕作家給評論家寫信是在浪費時間，還不如去搞他們自己的寫作呢。比起被人寫，更要緊的是真正動手去寫。關於我的寫作生涯，我認為有件事非常重要，那就是四十歲之前我從未拿到過一分錢的作者版稅，儘管我已經出版了五本書。

評：你認為在作家的生涯中名氣或成功來得太早是不好的嗎？

馬：無論是哪個年紀都不好。我寧願作品在死後才被認可。至少在資本主義國家是如此，在那種地方你成了一種商品。

評：除了你最喜歡的讀物，現在你都讀些什麼？

馬：我讀最古怪的玩意兒。前天我還在讀拳王阿里的回憶錄呢。斯托克（Bram Stoker）的《吸血鬼德古拉》是一本很棒的書，多年前這種書我可能還不會去讀，因為我覺得是在浪費時間。不過，除非有我信任的人推薦，我是從來不會真正讀的。我不再讀小說。我讀許多回憶錄和文件，哪怕是一些偽造的文件。我還重讀我最喜歡的讀物。重讀的好處是你可以隨便打開哪一頁，讀你真正喜歡的段落。我已經喪失了那種只是閱讀「文學」的神聖的觀念。我會什麼都讀。我試著做到與時俱進。每週我幾乎讀遍世界各地所有真正重要的雜誌。因為有閱讀電傳打字機的習慣，我一直關注新聞。但是，我讀了所有嚴肅重要的各地報紙之後，我妻子總會來跟我說些未曾聽到過的新聞。我問她是從哪讀到的，她會說是在美容院的一本雜誌上讀到的。於是我讀時尚雜誌，還有各種婦女雜誌和八卦雜誌。有許多東西只有讀過這些雜誌才能學到。這讓我忙得不可開交。

評：為什麼你認為名氣對作家是這麼有破壞性的呢？

馬：主要因為它侵害你的私生活。它奪去你和朋友共度的時間，奪去你可以工作的時間。它會讓你與真實世界隔離。作家出了名如果還想要繼續寫，得要不斷地保護自己免受名氣的侵害。我真的不喜歡這麼說，因為聽起來一點都不誠懇，可我真的寧願讓我的書在死後出版，這樣我就用不著去對付名聲以及當個大作家這檔子事了。拿我來說吧，名聲的唯一好處就是我可以把它用於政治。除此之外，那真是太不舒服了。問題在於，你一天二十四小時都有名，而你又不能說「好吧，到了明天再有名吧」，或是摁一下按鈕說「這會兒我不想有名」。

評：你料到過《百年孤寂》會取得巨大成功嗎？

馬：我知道那本書會比之前其他作品更能取悅我的朋友。可是我的西班牙出版商告訴我說，他打算印八千冊，當時我目瞪口呆，因為我其他書的銷量從來沒有超過七百冊。我問他為什麼開始不能慢一點，可是他說他相信這是一本好書，從五月份到十二月份所有的八千冊會賣完的。結果在布宜諾斯艾利斯，它們在一週內就賣完了。

評：你覺得《百年孤寂》如此走紅的原因是什麼？

馬：我可一點兒都不知道，因為面對自己的作品，我是一個蹩腳的評論家。我最常聽到的一種解釋是，這本書講述拉丁美洲人的私生活，是一本從內部寫成的書。這種解釋讓我吃驚，因為我最初寫的時候，書名原本要叫做《宅子》。我想讓這部小說整個的情節發展都在房子裡進行，而任何外部事物都只是在於對這幢房子的影響。後來我放棄了《宅子》這個書名，但是這本書一旦進入馬康多鎮，它就沒有再進一步了。我聽到的另一種解釋是，每位讀者都可以隨他高興理解書中人物，變成他自己的東西。我不想讓這部作品變成電影，因為電影觀眾看見的面孔，或許不是他所想像的那張面孔。

評：有人有興趣把它拍成電影嗎？

馬：有啊，我的經紀人開價一百萬美金，想要嚇退那些出價者，而當他們接近那個數字，她又提高到三百萬左右。但我對把它改編成電影沒有興趣，只要我能阻止，就不會發生。我喜歡在讀者和作品之間保留一種私人關係。

評：你認為任何書籍都能被成功地翻拍成電影嗎？
馬：我想不出有哪一部電影是以好小說為基礎更加精進，可我能想到很多好電影倒是出自相當蹩腳的小說。

評：有沒有想過自己拍電影呢？
馬：曾經我想成為電影導演。我在羅馬學導演。我覺得，電影是一種沒有限制的媒介，那裡什麼東西都是可能的。我來墨西哥是因為我想在電影界工作，不是想做導演，而是想當劇作家。但電影有一種很大的限制，因為這是一種工業藝術，一整套工業。在電影中要表達你真正想要說的東西是非常困難的。我仍想著要做電影，但它現在看起來像是一種奢侈，我想和朋友一起來做，但對真正表達自己不抱任何希望。這樣我就離開電影越來越遠了。我和電影的關係就像是這麼一對夫妻：無法分開住，可也無法住到一起。不過，在辦一家電影公司和辦一份刊物之間，我會選擇辦刊物。

評：談談你正在寫的那本有關古巴的書好嗎？
馬：實際上，這本書像一篇很長的報紙文章，講述古巴千家萬戶的生活，他們如何在供應短缺的狀況下設法挺過來。近兩年我多次去古巴旅行，我感到印象深刻的是，那種封鎖在古巴已經造成一種「必需品崇拜」，一種社會情勢，生活在其間的人們缺這少那還得過下去。真正讓我感興趣的，是封鎖如何有助於改變人們的精神面貌。這是一個反消費社會槓上世間最為消費至上的社會。這本書眼下處在這樣一個階段，原先覺得會是一篇輕鬆的、相當短小的新聞作品，如今漸漸變成一本非常長而複雜的書。不過那也真的算不上什麼，因為我所有的書一直都是那樣的。此外，這本書會用歷史事實證明，加勒比地區的真實世界，就和《百年孤寂》的故事一樣奇幻。

評：身為作家，你有長遠的雄心或遺憾嗎？

馬：我想，答案跟有關名聲的那個回答是一樣的。前幾天，有人問我對諾貝爾獎是否感興趣，但我認為，對我來說那絕對會是一場災難。我當然對實至名歸感興趣，但頂著這個頭銜會很可怕。它只會讓名聲的問題更加複雜。我此生唯一真正遺憾的是沒能生個女兒。

評：有沒有什麼進行中的計畫可以拿來討論的？

馬：我很確信，接下來一定會超越之前的作品，但我不知道那會是哪一本，是在什麼時候。當我這樣感覺的時候——這種感覺現在已經有一段時間了——我就非常安靜地呆著，等它從身旁經過便能把它寫下來。（許志強／譯）

（原載《巴黎評論》第八十二期，一九八一年冬號）

瑞蒙・卡佛
Raymond Carver

[illegible] An old station wagon with Minnesota plates pulls up in front of our apartments. There's a man and woman in the front seat, and two boys in the back. The windows are down. temperature's in the hundreds. the people look whipped out. There's hanging clothes in the car, and boxes and such. You can picture it. From what Harley and me put together later, the stuff in the wagon is about all these people had to show after the bank took their house, their pickup truck, the tractor, all the implements, and the few livestock and horses. They got out of Minnesota with their station wagon and a few personal items. They wind up here in Tucson [illegible] in the middle of a July afternoon, temperature 105. Me saying life is something strange. I have imagination. I can imagine a girl in a bank 2000 miles away typing up a letter. Somebody else reads the letter and passes it along to somebody else for a signature. That somebody writes his signature and passes it back to that other somebody who puts the letter in an envelope. Somebody else, a mailman, delivers same. Things are set in motion so that this afternoon, months later, this loaded-down station wagon pulls up. The people just sit there for a minute. After some discussions in the front seat, this couple gets out and comes to the door. I'm watching from the front window. I open the door and say, "Welcome to Fulton Terrace. Come in where it's cool." I show them into the living room, which is where I do my apartment house business--taking rents and writing receipts, talking to people who are interested in

THE BIG PICTURE

I'm looking out the window at this old station wagon with Minnesota license plates pulling up in front of the apartment house. There's a man and woman in the front seat, and two boys in the back. It's July, temp's one hundred degrees plus. The people inside the station wagon look whipped out. And who could blame them? They've come a long distance. There's clothes hanging in the car, suitcases, boxes and such piled in the back. From what my husband Harley and I put together later, the stuff inside the station wagon was all these people had left after the bank in Minnesota took the house, pickup truck, tractor, farm implements, and their few livestock.

The people inside the station wagon sit for a minute as if to collect themselves. I keep looking out the window. The air conditioner's going. Harley is outside mowing the grass. There's some discussion in the front seat, and then this couple gets out and comes up to the door. I wait until they ring the bell for the second time. [illegible] I touch my hair to make sure that's in place. Then I go to the door, open it, and "Welcome. You're looking for an apartment? Step in where it's cool." I show them into the living room, which is where I do my apartment house business--collecting rents, and writing out receipts, talking to parties interested in renting. I also do hair. I'm a stylist. If somebody asks, I say "stylist." I like that word better than

An old station wagon with Minnesota plates pulls up outside. There's a man and woman in the front seat, two boys in the back. It's July, temperature's one hundred degrees plus. The people inside the station wagon look whipped out. And who could blame them? There's hanging clothes and suitcases in the a car. Boxes and such. From what Harley and me put together later, what's inside the station wagon is about what these people had to show after the bank took their house, pickup truck, tractor, farm implements, and the livestock and horses. They got out of Minnesota with their station wagon and these few personal belongings, and that's it. [illegible]

Life is one thing after another. Sitting along one day, and then the next day something like this. Everything [illegible] in the world [illegible] has to fit inside the station wagon. I can imagine a girl in a bank 2000 miles away typing up a letter. Somebody else reads the letter and passes it along to somebody else for a signature. That somebody writes his signature and puts the letter into an envelpe. Somebody else, a mailman, delivers same. Things are set in motion so that one afternoon, this afternoon, the station wagon pulls up outside. The people inside sit for a minute as if to collect themselves. I'm watching from the front window. Harley's outside mowing the grass. There's discussion in the front seat and then this couple gets out and comes to the door. I open up and say, "Welcome. Come in where it's cool." I show them into the livbg room, x which is

BOXES

This old station wagon with Minnesota license plates pulls into a parking space right in front of our window. There's a man and woman in the front seat, and two boys in the back. It's July, temp's one hundred degrees plus. The people inside the station wagon look whipped out. And who could blame them? There's clothes hanging [illegible] inside, suitcases, boxes and such piled in the back. From what my husband, Harley, and I put together later, what was inside the station wagon was all these people had left after the bank in Minnesota took the house, pickup truck, tractor, farm implements, and their few livestock.

The people inside the station wagon sit for a minute, as if collecting themselves. The air conditioner in our apartment is running full-blast. Harley's around in back of the units mowing the grass. There's some discussion in the front seat, and then this the couple get out and start for the front door. I pat my hair to make sure that's in place and wait til they push the doorbell for the second time. Then I go open the door.

"You're looking for an apartment? Come on in here where it's cool." I show them into the living room. That's where I do my business. It's where I collect rents, write out the receipts, and talk to parties interested in renting. I also do hair. If somebody asks, I say "hair stylist." I like that

卡佛短篇小說《馬勒》第一頁的四種草稿。

瑞蒙・卡佛居住的兩層樓木瓦屋頂大房子，坐落在紐約州雪城（Syracuse）一條安靜的街道上，門前的草坪一直鋪到坡下的人行道旁，車道停著一輛嶄新的賓士，另一輛舊的福斯牌家用車靠在路邊。

進屋需穿過蒙著紗窗的大前廊。屋裡的佈置並不起眼，但東西搭配得當——乳白色的沙發配玻璃茶几。和卡佛住在一起的作家黛絲・加拉赫（Tess Gallagher）收集孔雀羽毛，那些擺放在各處、插著孔雀羽毛的花瓶成了屋子裡最引人注目的裝飾。我們的猜測得到了證實：卡佛告訴我們說，所有的傢俱都是在同一天購買並當天送達的。

加拉赫做了個寫著「謝絕採訪」的活動木牌，字邊又再用黃色和橙色描過，牌子就掛在紗門上。他們有時會把電話線拔掉，那牌子在門上一掛就是好幾天。

卡佛的工作室在二樓的一個大房間。長長的橡木書桌收拾得乾乾淨淨，打字機放在L形書桌拐角一側。桌子上沒有任何小擺設、裝飾品和玩具。他不是收藏家，對紀念品和懷舊物件不感興趣。有時橡木書桌上會放著一個文件夾，裡面收著正在進行修改的小說。存檔放置有序，他能隨時從中取出某篇小說和它所有的早期版本。就和屋子裡的其他房間一樣，書房的牆壁刷成了白色，而且，和其他房間一樣，牆上幾乎什麼都沒掛。光線從高懸書桌之上的長方形窗戶射入，如同透過教堂頂部窗戶照射進來的陽光。

卡佛是一名穿著簡便的大漢，法蘭絨襯衫配卡其褲或牛仔褲。他的穿著和生活與他小說中的人物很相似。就一個大塊頭而言，他的聲音出奇低沉而且含混不清，為了能聽清楚他的話，三不五時就得屈身挨上前去，令人厭煩地一直問「什麼，什麼」。

有部分的採訪是靠通信完成，時為一九八一到一九八二年間。我們去見卡佛時，「謝絕採訪」的牌子並沒有掛出來。會談期間，有幾名雪城大學的學生順路來訪，他已經念到大四的兒子也曾過來。午飯卡佛請大家吃三明治，用的是他在華盛頓州外海釣到的鮭魚。他和加拉赫都出生在華盛頓州，我們採訪他時，他們正在安吉爾港（Port Angeles）建造一棟房子，打算每年都到那住上一陣子。我們問卡佛是否覺得那棟房子更像是家，他回答道：「沒有，住在哪兒都一樣，這裡也不錯。」

——莫娜・辛普森（Mona Simpson）、路易斯・布茲比（Lewis Buzbee），

一九八三年

《巴黎評論》（以下簡稱「評」）：你早年的生活是怎麼樣的？是什麼促使你開始寫作？

瑞蒙・卡佛（以下簡稱「卡」）：我在華盛頓州東部一個叫雅基馬（Yakima）的小鎮長大。父親在鋸木廠工作，他是個銼鋸工，維修那些用於切割還有刨平原木的鋼鋸。母親做過售貨員和服務生，有時則在家待著，但她每樣工作都沒法做很久。我還記得有關她「神經緊張」的話題。她在廚房水槽下方的櫃子裡放著一瓶不需要處方的「安神藥水」，每天早晨都要喝上幾湯匙。我父親的安神藥水是威士忌。他通常也在同樣那個水槽底下放個一瓶，要不就放在屋外堆放木材的棚子裡。記得有一次我偷偷地嘗了嘗，一點兒也不喜歡，奇怪怎麼會有人喝這玩意兒。當時我們家是一幢小平房，只有兩間臥室。小的時候我們經常搬家，但總是搬進一棟又一棟小小的兩房小屋。記憶所及，最早一間是靠近雅基馬的集市，屋內沒有廁所。那是四〇年代後期，我大概八歲還是十歲的時候。我通常會在公車站牌等父親下班回家。多數情況下他像時鐘一樣準確，但大約每隔兩週他會不在那班車上。我會在那兒等下一班車，但我已經知道他也不會搭那趟車。這種情況發生時，就表示他和鋸木廠的朋友們跑去喝酒了。我仍然記得母親、我還有弟弟坐下來吃飯時，餐桌上籠罩著那種大難臨頭的絕望氣氛。

評：那又是什麼促使你寫作的呢？

卡：我只能這麼說，父親給我講了很多他兒時的故事，還有他父親和他祖父的故事。我的曾祖父參加過南北戰爭，替交戰的雙方打過仗！他是個變節者，南方軍失利後，他去了北方，並為聯邦軍打仗。我父親講這個故事時大笑不止，他不認為這件事有什麼錯，我也這麼認為。總之，我父親會給我講一些故事，其實是一些沒有什麼寓意的奇聞軼事，講在林子裡跋涉，扒火車還得留心鐵路警察。我喜歡和他待在一起，聽他講故事。有時，他會把他正讀著的東西念給我聽，格雷（Zane Grey）的西部小說，這是我除教科書還有《聖經》以外首次接觸到的精裝書。倒不是經常這樣，但我偶爾會見到他整晚躺在床上讀格雷。在一個沒有私人空間的家庭裡，這算得上是一件很私密的事情了。我曉得他有不示人的那一面，我不明白或無所知悉，卻可藉由這樣偶爾的閱讀表現出來。我對他私密的部分和閱讀這一行為本身都很感興趣。在他讀書時我會讓他唸給我聽，他會從正看著的地方往下唸。過了一會兒他會說：「兒子，去做點別的事吧。」嗯，可以做的事情多著了，那時我會去離家不遠的一條小溪釣魚。稍大一點後，我開始打野鴨、野鵝和走禽。那時我就對這些事情感興趣——打獵和釣魚，它們在我的情感世界留下了痕跡，是我想要寫的東西。那段時間裡我書讀得不算多，除了難得一讀的歷史小說或斯皮蘭（Mickey Spillane）的偵探小說外，就是讀《野外運動》、《戶外活動》和《田野與溪流》等雜誌了。我寫了一篇很長的小說，講釣到的魚溜了，或是在講釣到的魚，反正不是這就是那，然後問我媽能否幫我用打字機打出來。她不會打字，但還是去租了台打字機，真難為她了。我們兩人合力笨拙地把小說打了出來然後寄出去。我記得那本戶外雜誌的刊頭上有兩個地址，我們把稿件寄到靠近我家、位於科羅拉多州博爾德（Boulder）的發行部。稿件最終被退了回來，但這沒什麼，它到過外面的世界了，那篇稿子，去過了別的地方，除了我母親以外還有別的人讀過，起碼我是這麼希望的。後來我在《作家文摘》看到一則廣告，是一個男人的照片，很顯然，是一個成功了的作家，在給一個名字叫帕默的作家學院（Palmer Institute of Authorship）做代言人。這似乎正合乎我的需要。有個按月付款計畫，折扣二十美元，然後每月十塊還是十五塊，一共三年還是三十年，就那麼回事。每週都有作業，有人批改作業。我堅持了幾個月。後來，也許覺得無聊了，就不再做作業，我父母也就沒再付錢。帕默學院很快就來了封信，說如果能一次把款付清，我仍然可以獲得結業證書。這等於是讓我賺到了，我設法說服父母把剩餘的錢付清了，我按時收到了證書，把它掛在臥室的牆上。但在讀高中的時候，大家就認定我會在畢業後去鋸木廠工作；長久以來，我一直想做我父親的那種工作，我畢業後他會請廠裡的領班幫忙給我安排一份工作。我在鋸木廠待了約六個月，但我不喜歡，從第一天起就知道我不想在這兒做一輩子。我一直做到掙的錢夠買一輛車，買一些衣服，就能從家裡搬出去然後結婚。

評：然而，不管怎麼說，你上了大學。是你妻子讓你上的嗎？她有沒有鼓勵你去上大學？她自己想上大學嗎？而這是否是促使你去上學的原因？那時你多大？她那時肯定還很年輕。

卡：我當時十八歲。她剛從華盛頓州瓦拉瓦拉（Wala Wala）聖公會女子私立學校畢業，才十六歲，她懷孕了。在學校裡她學會了怎樣得體地端住一隻茶杯。她受過宗教和體育方面的教育，也學了物理、文學和外語。她懂拉丁語，這讓我萬分驚訝。拉丁語！開始幾年，她斷斷續續地上著大學，但這麼做實在是太難了。在需要養家和瀕臨破產的狀態下繼續上學幾乎是不可能的，我說的是破產。她家裡一點錢也沒有，她上那所學校全靠獎學金，她媽至今還在恨我。我太太本該畢業後靠獎學金去華盛頓大學讀法律，然而我讓她懷了孕。我們結了婚，開始在一起生活。第一個孩子出生時她十七歲，十八歲時生了第二個。現在我又能說些什麼？我們根本就沒有青春時光。我們發現自己在扮演著陌生的角色，但我們盡了最大的努力，我想是盡了比最大還要大的努力。她最終完成了大學學業，在我們結婚後的第十二年還是第十四年，她從聖荷西州立大學拿到了文學士學位。

評：最初那些困難的年代裡你也在寫作嗎？

卡：我晚上工作白天上學，我們不停地工作。她一邊工作，一邊還要帶孩子並且照料家庭，她為電話公司工作，孩子白天待在保姆那裡。最終，我從洪堡州立大學獲得了文學士學位，我們把所有東西裝進車子和安放在車頂上的一個大箱子裡，去了愛荷華市。洪堡大學有位叫迪克 · 戴（Dick Day）的老師跟我說，愛荷華大學有個寫作課程，就他拿了我的一篇小說和三、四首詩寄給賈斯蒂斯（Don Justice），讓他為我在愛荷華大學弄到五百塊的資助。

評：五百塊？

卡：他們說，他們只能給這麼多。在那個時候這已不算少了，但我沒能完成愛荷華的學業。第二年他們給我更多的錢讓我留下，但我們實在沒辦法。我在圖書館工作，每小時掙一兩塊錢，我妻子在餐館做服務生。要得到學位至少還需要一年時間，實在沒法撐下去了。我們只好搬回加州，這次去了沙加緬度。我在仁慈醫院（Mercy Hospital）找了個夜間打掃的工作。這個工作我一做就是三年，是個很不錯的工作，我每晚只需工作兩、三個小時，但工錢是按八小時算的。是有不少事情得做，不過一旦做完就好了，我可以回家或隨我想幹嘛都行。開始的一、兩年，我每晚回家，睡得不太晚，早晨爬起來寫作，孩子們待在保姆家，妻子已出門工作了——一個上門銷售的工作，我有一整天的時間。這樣過了一段時間後，我開始在晚上下班後不是回家而是去喝酒。那是在一九六七或一九六八年。

評：你第一次發表作品是什麼時候？

卡：我當時還在加州阿克塔市（Arcata）洪堡州立大學就讀。某天，我有篇短篇小說被一家雜誌接受了，還有首詩被另一家雜誌採用了。真是美好的一天！也許是我有生以來最美好的一天。我和我太太開車出去，四處給朋友看稿件被錄用的信件。那對我們過的那種生活多少是種肯定。

評：你發表的第一篇小說是什麼？第一首詩是什麼？

卡：是一篇名叫〈田園生活〉的小說，發表在《西部人文評述》，那是一本很好的文學雜誌，至今還由猶他大學出版發行。他們沒付我稿費，但這無所謂。那首詩叫〈黃銅戒指〉，發表在亞利桑那州的某本雜誌，雜誌的名字叫《目標》（Targets），現在已經停刊了。同一期還刊了布考斯基（Charles Bukowski）的詩。我很高興能和他登上同一期雜誌，那時他可是我心目中的偶像。

評：你有個朋友告訴我說，你慶祝作品首次發表的方式是帶著那本雜誌上床，這是真的嗎？

卡：算是吧。那其實是一本書，《美國年度最佳短篇小說》，我的小說〈能不能請你安靜點？〉被那本選集選中了。那是在六〇年代後期，那本選集每年都由弗雷（Martha Foley）編輯，大家都習慣地稱它為《弗雷選集》。我那篇小說曾在芝加哥一個不起眼的叫做《十二月》的雜誌上發表過。收到選集的那天我帶著它上床去讀並且就那麼看著它，你也清楚，就那麼捧在手裡。可是拿著盯它看的時間多，實際讀的時間少。後來我睡著了，醒來時書和妻子都在我的身邊躺著。

評：在為《紐約時報書評》寫的一篇文章裡，你提到過一個「乏味得不想再說」的故事，是關於你為什麼只寫短篇不寫長篇的原因。你願意談談這個故事嗎？

卡：那個「乏味得不想再說」的故事，與好幾件說起來並不是很愉快的事情有關。之前我在《安泰俄斯》（Antaeus）上發表一篇雜文〈火〉，總算提到這些事情。在文章裡我說，歸根結底，應根據一個作家的作品來評判他，這樣做才是正確的，寫作過程中出現的一些情況並不重要，它們超出了文學的範疇。從來沒有人請我當作家，但在付賬單、掙麵包並且為生存而奮鬥的同時，還要考慮自己是個作家並學習寫作，這實在是太難了。做著狗屁不如的工作、撫養孩子還試圖寫作，多年下來我有所體悟，我需要寫些很快就能完成的東西。我不可能去寫長篇，那是一個需要花上兩三年時間的專案。我需要寫一些立刻就有回報的作品，三年後不行，一年後也不行。所以，詩和短篇小說。我開始明白我的生活不像，這麼說吧，不像我所希望的那樣，生活中有太多的無奈需要承受——想寫東西但沒有時間沒有地方來寫。我經常坐在外面的車裡，在膝頭的便箋簿上寫點東西。孩子們那時已進入青春期，我二十多幾乎三十出頭的樣子，我們仍然處在貧困狀態，已經破產過一次，辛苦工作了那麼多年後，除了一輛舊車、一套租來的房子和屁股後面跟著的新債主外，沒有其他可以示人的東西，這真是令人沮喪，我覺得精神上被湮沒了。酗酒成為問題，或多或少我放棄了，舉起白旗，把終日喝酒當做正經事。當我提到「乏味得不想再說」的事情時，有部分就是指這些。

評：你能再多談一點有關喝酒的事嗎？有那麼多的作家，即使不是酒鬼，也喝好多酒。

卡：和從事其他職業的相比也不會多多少，這你大概不會相信。當然，有關喝酒的神話很多，但我從來不對它們感興趣，我只對喝酒感興趣。我估計我是在意識到想為自己、為我的寫作、為妻子和兒女爭取的東西永遠也無法得到後開始狂飲的。很奇怪，當你展開此生，絕不會想要破產，變成一個酒鬼、背叛者、小偷或一個撒謊的人。

評：你是否和這些都沾點邊？

卡：過去是，現在不再是了。噢，我有時說點謊，像其他人一樣。

評：你戒酒有多久了？

卡：一九七七年六月二日。我說真的，戒酒成功我深感驕傲，遠勝此生其他事情。我是個已經痊癒的酗酒者。我是個酒鬼這件事無法否定，但我不再是個還在酗酒的酒鬼。

評：你酗酒到底嚴重到什麼程度？

卡：回想過去發生的事情總是很痛苦的。什麼東西到我手上都被搞砸了，但我也許要補充一句，到了酗酒的末期，其實也沒剩下幾樣東西。具體一點的事？這麼說吧，有的時候會涉及員警、急診室和法庭。

評：你是怎樣戒掉的？是什麼讓你戒掉的呢？

卡：酗酒的最後一年，一九七七年，我兩次住進同一個戒酒中心，還進過一次醫院，在加州聖荷西附近一個叫做「德威特」（DeWitt）的地方待過幾天。「德威特」曾經是個為患有精神病的罪犯開設的醫院，真是非常的恰當。在我酗酒生涯的後期，我完全失去了控制，糟糕到了極點，昏厥，什麼都來，在那種時候，甚至會記不住某段時間裡你說過的話、做過的事。你可能在開車、朗讀作品、給學生上課、固定一根斷掉的桌腿或和某人上床，後來卻一點也想不起曾做過什麼，你處在某種自動導航狀態。我還記得自己坐在家裡客廳，手裡端著杯威士忌，頭上裹著繃帶，那是因酒後癲癇症發作摔倒而導致的。瘋狂！兩週後我回到了戒酒中心，這次去的地方叫「達菲」（Duffy's），在加州的卡利斯托加（Calistoga），葡萄酒之鄉的北面。我進過「達菲」兩次，進過聖荷西的「德威特」，進過舊金山的一所醫院，所有這些都發生在十二個月的時間裡。我想這算是夠糟糕的了，我在走向死亡，就這麼簡單，一點也不誇張。

評：是什麼使得你徹底把酒戒掉的？

卡：那是一九七七年五月下旬，我獨自住在加州北部的一個小鎮上，大約有三週沒有喝醉了。我開車去舊金山，那兒正在開一個出版商的會議。麥格羅希爾出版集團當時的主編希爾（Fred Hills）請我去吃午飯，他想給我一些訂金，讓我寫一部長篇小說。在那頓午飯的前兩天，有個朋友辦了個派對，派對進行到一半，我端起一杯葡萄酒喝了下去，然後就什麼都不記得了。對於那段時間完全沒有知覺。第二天早晨酒店開門時，我已經等在那裡了。那天晚上的晚餐更是個災難，可怕極了，人們吵了起來，還半途離席。第二天早晨，我不得不爬起來去赴希爾的飯局。醒來時我難受得頭都直不起來。開車去接希爾前我喝了半品脫的伏特加，這在短時間裡對我有點幫助。他要開車去索薩利托（Sausalito）吃午飯！我當時醉得一塌糊塗，再加上交通擁擠，我們花了至少一個小時才開到那裡，你不難想像當時的情況。但不知為什麼他給了我這部長篇的訂金。

評：你最終有沒有寫那部小說？

卡：還沒有！我設法開著車離開舊金山，回到了我的住處。我就這麼醉著又待了好幾天才醒過來，感覺糟糕極了，但那天早晨我什麼都沒喝，我是說含酒精的飲料。我的身體非常的糟（當然，精神上也很糟），但我什麼都沒喝。我堅持了三天。第三天過完，我開始感到神志清醒了一點。然後我繼續堅持，慢慢拉開我和酒精之間的距離，一週，兩週，突然就是一個月了，我保持清醒有一個月了。我開始緩慢地恢復。

評：匿名戒酒者互助會對你有幫助嗎？

卡：有很大的幫助。第一個月裡我每天至少參加一次聚會，有時要去兩次。

評：有沒有覺得酒精會給你帶來靈感？我想到了你發表在《君子》雜誌上的詩〈伏特加〉。

卡：天哪，不會！希望我已經講得夠清楚了。契弗（Cheever）說過他總能從一個作家的作品裡辨別出「酒精的線索」。我不確定他這麼說的具體意思是什麼，但我能知道個大概。我倆一九七三年秋季在愛荷華大學寫作班教書，當時我和他除了喝酒外什麼都不幹。我是說從某種意義上我們還是去上課，但我們在那兒的整個期間——住在校園裡的一個叫「愛荷華之家」的旅館裡，我不覺得我倆有誰曾把打字機的罩子取下。我們每週兩次開我的車去店裡買酒。

評：囤積酒？

卡：是的，囤積酒。但酒店要到早上十點才開門。有一次我們打算大清早就去，十點鐘去買酒，我們約好在旅館大廳碰面。我為了買菸下來早了點，他老兄已在大廳裡來回踱步了。他穿著輕便皮鞋，卻沒穿襪子。總之，我們稍稍提前了一點出門。趕到賣酒的商家，店員才剛要開門。在這個特別的早晨，契弗沒等我把車停穩就下了車。等我走進店裡時，他已抱著半加侖的蘇格蘭威士忌站在收銀機邊上。他住旅館四樓，我住二樓。我倆的房間一模一樣，就連牆上掛著的複製油畫也是一樣的。我們一起喝酒時總是在他的房間裡。他說他害怕下到二樓喝酒，他說在走道裡總有可能會被人搶劫！當然，怎麼說呢，還好，契弗離開愛荷華城不久就進了戒酒中心，戒了酒，直到死都沒再沾過酒。

評：你覺得匿名戒酒者互助會上的那些坦白發言對你的寫作有影

響嗎？

卡：聚會的形式各不相同——有的聚會只有一個人在講，一個人做個大約五十分鐘的演講，說過去是怎樣的，現在又怎樣了。有些聚會是房間裡所有的人都有機會說上幾句，但憑良心說，我從未有意識地按照這些聚會上聽來的東西寫小說。

評：那麼，你小說的來源是什麼呢？我特別想知道那些和喝酒有關的小說。

卡：我感興趣的小說要有源於真實世界的線索。我沒有一篇小說是真正地「發生過」的，這不用多說，但總有一些東西、一些元素、一些我聽到的或看到的，可能會是故事的觸發點。這裡有個例子：「這將是最後一個被你毀掉的耶誕節！」聽見這句話時我喝醉了，但我把它記住了。後來，很久以後，在我戒了酒以後，我用這句話和一些想像的東西——想像得如此逼真，就像是真的發生過的一樣，我構思了一篇小說——〈嚴肅的談話〉。我最感興趣的小說，無論是托爾斯泰的小說，還是契訶夫、漢娜（Barry Hannah）、福特（Richard Ford）、海明威、巴別爾（Isaac Babel）、貝蒂（Ann Beattie）還是泰勒（Anne Tyler），它們某種程度上的自傳性，至少是參照性，都能打動我。小說不管長短，都不會是憑空而起。我想起契弗也在場的一次聊天。在愛荷華城，我們一群人圍坐在桌旁，他碰巧說起某天晚上的一場家庭爭吵，他說第二天早晨他起床盥洗，看見女兒用口紅寫在浴室鏡子上的字：「辛愛的爸爸，不要離開我們。」桌上有個人大聲說道：「我記得這是你一篇小說裡的。」契弗說：「很可能，我寫的所有東西都是自傳性的。」當然，此話不能完全當真，但我們所寫的一切，從某種程度上來說都具有自傳性質。我對自傳體小說一點也不反感，恰恰相反。《在路上》、塞利納、羅斯。杜雷爾的《亞歷山大四重奏》。亞當斯（Nick Adams）的故事裡有太多的海明威。厄普代克也一樣，這是不用說的。麥肯基（Jim McConkey）。至於當代作家，布雷茲（Clark Blaise）的小說是徹頭徹尾的自傳。當然，當你把自己的生活寫進小說時，你必須知道你在做什麼，你必須有足夠的膽量、技巧和想像力，並願意把與自己有關的一切都說出來。小的時候你曾被反覆告誡要寫自己知道的事情，除了你自己的祕密，還有什麼是你更清楚的呢？但除非你是個特殊的作家，並且非常的有才華，否則一本接一本地寫「我生活中的故事」是很危險的。作家的寫作手法過於自傳化相當危險，起碼是一種很大的誘惑。一點點自傳加上很多的想像才是最佳的寫作。

評：你的人物可曾努力做一些有意義的事情？

卡：我想他們努力了，但努力和成功是兩碼事。有些人在生活中總是成功，我覺得這是命中註定的。而另一些人則不管做什麼，不管是那些最想做的，還是賴以為生的大事小事，他們總是不成功。去寫這樣的生活，寫這些不成功人物的生活，當然是無可非議的。我個人的大部分經歷，直接的或間接的，都和後面說的情形有關。我想我的大部分人物都希望他們的所作所為有點意義，但同時他們卻到達了某種境地，就像許多人一樣，他們知道這是做不到的，所有的一切都不再有任何意義了。那些一度讓你覺得非常重要並願意為之而死的事情，已變得一錢不值了。他們的生活，那些在他們眼前破碎的生活讓他們感到不安。他們希望做些糾正，但做不到。我覺得，通常他們也都心裡有數，此後他們只能盡力而為。

評：你能談談你最新集子裡的一篇我最喜歡的小說嗎？〈你們為什麼不跳個舞？〉源自何處？

卡：那是七〇年代中期，我去密蘇里州拜訪一些作家朋友。我們坐在一起喝酒，有人講了一個叫琳達的女酒保的故事：某天晚上她和她的男朋友喝醉了，決定把臥室裡的傢俱全部搬到後面的院子裡。他們真的這麼做了，地毯、床頭燈、床和床頭櫃，等等，所有的東西都搬了出去。當時房間裡有四、五個作家，這個傢伙講完故事後，有人問道：「哎，誰去寫這個故事？」我不知道還有誰也寫了這個故事，但我寫了。不在當時，而是後來，我想大約是在四、五年以後吧。我做了些變動，增加一些內容，那當然。實際上，那是我戒酒後寫成的第一篇小說。

評：你的寫作習慣是怎麼樣的？你總有作品要寫嗎？

卡：我寫作時，每天都寫。一天接一天，那種感覺真好。有時候我甚至不知道今天是星期幾，就像艾許伯瑞（John Ashbery）所說的，「日子像槳輪一樣」。當我不寫時，比如現在，近來一段時間教學任務纏身，我就像從來沒寫過任何東西一樣，一點寫作的欲望都沒有。我染上一些壞習慣，晚上不睡，一睡就睡過頭。但這沒什麼，我學會了忍耐和等待，我很早以前就被迫學會了忍耐。如果我相信星座的話，我估計我的星座和烏龜有關。我的寫作是間歇性的。但當我寫作時，我一坐下來就會寫上很久，連續十、十二或十五個小時，一天接一天，這種時候我總是很開心。

可以理解，我大部分時間都花在修改和重寫上面。我最喜歡把一篇寫好的小說放上一段時間，然後把它重寫一遍。寫詩也一樣。寫完一個東西後，我並不急著把它寄出去，我有時把它在家裡放上幾個月，這裡弄弄，那裡改改，拿掉這個，加上那個。小說的初稿花不了太多的時間，通常坐下來一次就能寫完，但是其後的幾稿確實需要花點時間。有篇小說我寫了二十稿還是三十稿，從來不低於十到十二稿，看偉大作家作品的草稿既有益也能受到激勵。我想到托爾斯泰的校樣照片。我在這裡是想舉一個喜歡修改的作家的例子，我不知道他是否真的喜歡這麼做，但我知道他改得很勤，他總在修改，清樣出來了還在改。他把《戰爭與和平》重寫了八遍之後，仍然在印樣上更改。這樣的例子會鼓勵那些初稿寫得很糟的作家，比如我本人。

評：描述一下你寫作一篇小說的過程。

卡：像我剛才所說的，我第一稿寫得很快，通常是手寫的，我只是飛快地把稿紙填滿。有時在哪兒做個簡單記號，提醒自己以後回過頭來該怎麼做。有的時候，某些情景我只能寫一半，或先不寫，這些情景需要以後再仔細推敲。我是說雖然所有的部分都需要仔細推敲，但有些我要等到寫第二或第三稿時再做，因為寫第一稿時就這麼做要花費很多時間。第一稿只是為了得到一個大致的輪廓和故事的框架，其他的要在隨後的版本裡處理。草稿完成後，我會用打字機把它打出來。打出來的稿子與草稿不太一樣，更好了，這當然。打第一稿時，我已開始改寫，加一點，減一點，但真正的工作要等到後來，等到改完三、四稿以後。詩也一樣，只是詩有時要改四、五十稿。霍爾（Donald Hall）告訴我說，他的詩有時要寫上一百稿左右，你能想像嗎？

評：你寫作的方法有過變化嗎？

卡：從某種程度上來說，《當我們討論愛情》裡的小說是有點不同。故事的每個細節都被雕琢過，就這點來說，這是一本自我意識太強的書。我對這些故事所做的推敲是之前未曾有過的。當我把書稿交到出版社後，接下來的六個月裡我什麼都沒寫。之後我寫下的第一篇小說就是〈大教堂〉，我感到不管從觀念上還是操作上講，都與我以往的小說完全不同。我猜它在反映我寫作方法變化的同時，也反映了我生活上的變化。我在寫〈大教堂〉時感到了一種衝動，感受到「就是這麼一回事，這就是我們要寫作的原因」。它和早期的小說不同，寫的時候我有種開竅的感覺。我知道我在另一個方向走得足夠遠了，把所有東西刪減到不只是剩下骨頭，而是只剩下骨髓了。再往前走——去寫、去發表那些我自己都不願意讀的東西，就是死路一條了，這是真話。上一本書的一篇書評裡，有人稱我是「極簡主義者」作家。那位評論家的本意是恭維我，但我不喜歡。「極簡主義者」隱含了視野和手法上狹窄的意味，我不喜歡這個，但這本新書，這本名叫《大教堂》的新書裡的所有小說都是在十八個月的時間裡完成的，書裡的每篇小說我都能感到這種差異。

評：你想像中的讀者是什麼樣的？厄普代克描述他理想的讀者是一個在圖書館書架上尋找他的書的中西部小鎮男孩。

卡：厄普代克對於理想讀者的想法很不錯。但除了早期作品外，我不認為厄普代克的讀者會是一個住在中西部小鎮上的男孩。一個男孩子能讀懂《馬人》、《夫婦們》、《兔子，快跑》和《政變》嗎？我想厄普代克是在為契弗所說的那一類「高智力的成年男女」而寫作，住在哪並不重要。任何一個不是吃白飯的作家都在盡自己的能力把作品寫好寫真實，然後希望有好的讀者。但我覺得從某種程度上說，你也在為其他作家寫作，為那些你佩服他們作品的已去世的作家，還有那些你願意讀他們作品的活著的作家，如果他們喜歡，其他的作家，那些「高智力的成年男女」也極有可能會喜歡。但我寫作時，腦子裡沒有你所說的那個男孩，或其他任何人的形象。

評：你寫的東西有多少最終要被刪除？

卡：很多。如果小說初稿有四十頁，等我寫完通常只剩下一半了。不僅僅是把東西去掉並且縮短篇幅，我去掉很多，但也加進去一些，加一點，再去掉一點。加加減減，這是我喜歡做的事情。

評：你現在的小說篇幅似乎長了一點，也更加豐滿了，你修改小說的方法發生了變化？

卡：豐滿，是的，這個詞用得很恰當。是這樣的，我來告訴你是什麼原因。學校裡有個打字員，她有一台「太空時代」的打字機，一部文字處理器。我交給她一篇小說，打出來後我取回那份整潔的稿件，標上想要修改的內容後再把稿件交給她，第二天我就能取回，又是一份整潔的稿件。然後我再在上面做任意的修改，第二天我又會拿到一份整潔乾淨的稿件。這看上去不是件什麼了不起的事，但它改變了我的生活——那位女士和她的文字處理器。

評：你有過一段不需要工作的時間嗎？

卡：有過一年。那一年對我來說也是非常重要的一年。小說集《能不能請你安靜點？》裡的大部分小說都是在那一年裡寫成的。那是一九七〇還是一九七一年，我在帕羅奧圖（Palo Alto）的一家教科書出版社工作。這是我的第一份白領工作，之前我在沙加緬度的醫院裡做清潔工。我一直在那間公司安安靜靜地做著編輯，這個當時叫 SRA 的公司決定進行大規模的重組，我打算辭職，正在寫辭職信呢，突然就被解雇了。這樣的結果非常好，我們在那個週末邀請了所有的朋友，開了個「解雇派對」。這一年裡我不需要工作，我一邊領失業金，一邊拿解雇費，藉以過活，我妻子就是在那一段時間取得了她的學士學位。那是個轉捩點，是一段很好的時光。

評：你信教嗎？

卡：不信，但我不得不相信奇蹟和復活是有可能的，這一點不容置疑。每天醒來都讓我高興，我喜歡早點醒來就是這個原因。在我喝酒的那些日子裡，我一直睡到中午或更晚，常常伴隨著顫抖醒來。

評：你對那些倒楣日子裡發生的事情感到後悔嗎？

卡：我現在什麼都改變不了。我沒有後悔的本錢，那段日子現在已經過去，它們已離去，我無法後悔，我只能活在當下。過去的日子確確實實地遠離了，它們遙遠得就像發生在我讀到的一本十九世紀小說裡的人物身上的事。我活在過去的時刻，每個月不會超過五分鐘。過去真是個陌生的國度，人的所作所為完全不同，該發生的總會發生，我真的覺得我有兩段不同的生命。

評：能否談談你在文學上受到的影響，至少給出一些你欽佩的作家的名字？

卡：海明威算一個。他早期的短篇，如〈大雙心河〉、〈雨裡的貓〉、〈三天大風〉、〈士兵之家〉，等等，很多很多。契訶夫，我想他是我最欽佩的作家，但有誰會不喜歡契訶夫呢？我這裡說的是他的短篇小說，不是話劇，他的話劇對我來說進程太慢。托爾斯泰，他的任何一篇短篇、中篇以及《安娜・卡列尼娜》。不包括《戰爭與和平》，太慢了。但包括《伊凡・伊里奇之死》、《東家與雇工》、〈一個人需要多少土地〉，托爾斯泰是最棒的。巴別爾、富蘭納瑞・歐康納（Flannery O'Conner）、法蘭克・歐康納（Frank O'Conner）、喬伊斯的《都柏林人》、契弗。《包法利夫人》，去年我重讀了這本書，還有一本新翻譯的，福樓拜在編造——無法用其他的詞來形容——《包法利夫人》時期寫下的信件。康拉德，厄普代克的《破鏡難圓》。有些好作家是我近一、兩年認識的，像沃爾夫（Tobias Wolff），他的短篇小說集《北美殉道者的花園》簡直是棒極了。肖特（Max Schott）、梅森（Bobbie Ann Mason），我提到她了嗎？嗯，她很棒，值得再提一遍。品特、普瑞契特（V.S. Pritchett）。多年前我從契訶夫的一封信裡讀到讓我感動的東西，那是他寫給某人的忠告。原文好像是這樣的：朋友，你不必去寫那些取得了非凡成就、令人難以忘懷的人物。要知道，那時我正在大學裡，讀著有關公主、公爵、征服和推翻王朝的戲劇、塑造英雄的宏偉巨著以及寫現實生活中並不存在的英雄的小說。但讀了契訶夫這封信還有他在其他信件和小說裡所寫的之後，我的觀點發生了變化。沒隔多久，我讀到高爾基的一部話劇和幾篇短篇小說，他用作品強調了契訶夫所說的。另外還有位福特（Richard Ford）不錯；他主要是寫長篇，但也會寫短篇和散文。他是我的朋友。我有很多朋友稱得上是好友，其中一些是很好的作家，有些沒有那麼好。

評：遇到那樣的情況你怎麼辦？我是說，如果有個朋友發表了你不喜歡的作品，你怎樣處置？

卡：我會什麼都不說，除非這個朋友問我，我希望他不要來問。如果被問及，你一定要用一種不傷害友誼的方式來說。你希望你的朋友順利，盡他們的能力寫出最好的作品。但有時他們的作品會令人失望。你希望他們一切順利，但你擔心情況可能不是這樣，而你又幫不上什麼忙。

評：你怎麼看道德小說？我想這肯定會涉及加德納（John Gardner）以及他對你的影響。我知道多年前你在洪堡州立大學時曾是他的學生。

卡：是的，我在《安泰俄斯》發表的那篇文章裡說到了我們之間的關係，在他去世後出版的《如何成為小說家》引言裡，我做了更多的說明。我認為《論道德小說》是本不錯的書。儘管我不完全同意，但總的說來他是對的。其中關於書的目的那部分，比評價當世作家的部分要好。這本書是要肯定生命，而不是將之揚棄。加德納對「道德」的定義是對生命的肯定，他相信好的小說就是道德小說。這是本有爭議的書，如果你喜歡爭論的話。不管怎麼說，這本書非常有才氣。我覺得他在《如何成為小說家》那本書中更好地論證了自己的觀點，沒有像在《論道德小說》中那樣去批評其他的作家。他發表《論道德小說》時我們已有好多年沒有聯繫了，但他的影響，我是他學生時他在我生命中代表的那些東西，依然那麼強烈，以至於有很長一段時間我不願意去讀那本書。我擔心會發現自己這麼多年寫作的東西是不道德的！你知道我們幾乎有二十年沒見面了，直到我搬到雪城後才又見面，他住在賓漢姆頓（Binghamton），兩地相距七十哩。那本書出版時，書和他本人都受到了攻擊，他觸動了某些敏感的東西。而我倒認為那是一部非常好的作品。

評：讀完這本書後你是怎麼評價你自己的作品的？你寫的是「道德」小說還是「不道德」小說？
卡：我還是不太確定！但我聽到別人的評論，他本人也告訴過我，說他喜歡我的作品，特別是那些新作品。這讓我十分欣慰。去讀《如何成為小說家》吧。

評：你還寫詩嗎？
卡：寫一點，但不夠多，我想多寫一點。如果很長一段時間當中，六個月左右吧，我什麼詩都沒寫，我會很緊張，開始琢磨我還是不是一個詩人，或我是否再也寫不出詩來了。通常這時我會坐下來，努力寫幾首詩。今年春天將要出版的《火》這本書裡有我想保存下來的所有詩作。

評：寫小說和寫詩如何相互影響？
卡：現在不再相互影響了。長久以來，我對寫詩和寫小說同樣感興趣。讀雜誌時我總是先讀詩，然後再讀小說。最終，我不得不做個選擇，我選擇了小說，對我來說這是個正確的選擇。我不是一個「天生」的詩人。除了身為白種美國男性，我不知道我還有什麼是「天生」的。也許我會成為一個偶爾為之的詩人，這個我可以接受，總好過什麼樣的詩人都不是。

評：名聲使你有怎樣的改變？

卡：這個詞讓我感到不自在。你看，我開始時給自己設定的目標那麼低——我是說一輩子寫短篇小說能有多大出息？酗酒已經讓我瞧不起自己了。這些隨之而來的關注不斷地讓我感到驚訝。但我對你說，自從《當我們討論愛情》被接受後，我感到了從未有過的自信。隨之發生的所有好事都促使我去寫更多且更好的作品，這是個極好的鞭策。當好事來臨時，我正處在一個比以往任何時候都更具活力的時期，你明白我的意思嗎？如今我感到更堅強，對自己的方向也更加確定了。所以說「名聲」——或者說這個新得到的關注和興趣——是個有益的東西，在我的信心需要增強時，它增強了我的信心。

評：誰最先讀你的作品？

卡：葛拉格。如你所知，她本身就是詩人和短篇小說家。除了信件外我什麼都給她看，我甚至也讓她看過幾封信。她有一雙極好的眼睛，能進入到我寫的東西裡去。我等到把小說修改得差不多了才給她看，往往已經是第四或第五稿了，之後的每一稿她都會讀到。到目前為止，我已將三本書題獻給她了，這不僅僅是一種愛的象徵，也表達了我對她極度敬重，並承認她給予我的靈感與幫助。

評：利什（Gordon Lish）扮演了一個什麼樣的角色？我知道他是你在克諾夫出版社（Knopf）的責任編輯。

卡：七〇年代初期我在《君子》發表短篇時他就是我的編輯，但我倆在此之前就是朋友了。那是一九六七還是一九六八年，在帕羅奧圖，他為一家發行教科書的公司工作，就在我上班的公司對面，我是說把我解雇了的那間。他不需要坐班，大多數時間在家裡辦公。他每週至少請我去他那兒吃一頓午飯。他自己什麼都不吃，單單為我做點飯菜，然後在桌旁徘徊，看著我吃。這讓我很緊張，你能想像得到，我最終總是在盤子裡剩下點什麼，而他最終總是把剩下的吃掉，這恐怕和他成長的環境有關。這不是個單一的例子，他現在還這麼做，他請我外出吃午飯，除了一杯飲料外，自己什麼都不點，然後把我盤子裡剩下的都吃完！我還見他這麼做過一次，那次我們四個人在俄羅斯茶室吃晚飯，飯菜端上來後，他看著我們吃。當他發現我們把食物剩在盤子裡後，就立刻把它們吃掉。除了這個怪癖外——其實這只是有點好笑而已，他相當聰慧，對稿件的需要非常敏銳，是個好編輯，也許是個偉大的編輯。我只知道他是我的編輯、我的朋友，我為此感到高興。

評：你會考慮寫更多的電影劇本嗎？

卡：如果主題與我和導演齊米諾（Michael Cimino）剛完成的這個有關杜思妥也夫斯基生平的劇本一樣有意思的話，我當然會寫。如果不是的話，不會去寫。但杜思妥也夫斯基！肯定會。

評：報酬很豐厚？

卡：是的。

評：那輛賓士就是這麼來的？
卡：正是。

評：那《紐約客》呢？你剛開始寫作時有沒有給《紐約客》投過稿？
卡：沒有。我當時不讀《紐約客》。我把小說投給一些小雜誌，偶爾會有幾篇被錄用，這讓我開心。我擁有某一類的讀者，你知道吧，儘管我從來沒和任何一位讀者見過面。

評：讀你作品的人會給你寫信嗎？
卡：信件、錄音帶，有時有照片。有人剛給我寄來一盤磁帶，裡面有根據我某幾個短篇所譜寫的歌曲。

評：你是在西岸（華盛頓州）還是在東部這裡寫得更好一點？我想我是在問對於不同地域的感受對你的作品有多重要。
卡：曾經，從哪個地方出來這一點對我很重要。我是個來自西岸的作家，以前這點對我來說很重要，但現在不是這樣了，無論這是好還是不好。我想我走過和住過的地方太多了，現在失去了方向感和地域感，對任何地方都沒有「根」的感覺。假如說，我曾有意識地把小說放置在一個特定的地方和時期——我想我這麼做過，特別是在我的第一本書裡，那麼我估計會是臨太平洋的西北部地區。我羨慕那些有地域感的作家，像韋爾奇（Jim Welsch）、斯泰格納（Wallace Stegner）、基布林（John Keeble）、伊斯特雷克（William Eastlake）和基特里奇（William Kittredge）。有很多好作家有你所說的地域感，但我的短篇絕大部分都和特定的場所無關。我是說，它們可以發生在任何一個城市或郊區，可以是雪城這裡，也可以是圖森、沙加緬度、聖荷西、舊金山、西雅圖，或者是華盛頓州的安吉利斯港，不管在哪裡，我的大多數故事的場景都放在室內！

評：你在家裡有一個特定的工作場所嗎？

卡：有，我樓上的書房。有自己的地方對我來說很重要。我們會拔掉電話線，掛上「謝絕探訪」的牌子，一待就是好幾天。多年來我只能在廚房餐桌、圖書館的閱覽室，要不然就出門到車裡寫東西。現在這個屬於我自己的房間是一種奢侈，也是一種必需了。

評：你現在還釣魚、打獵嗎？

卡：沒那麼常了，仍然釣一點魚，在夏天釣鮭魚，如果我正好在華盛頓州的話。但很遺憾地說，我不再打獵了。我不知道該去哪兒打！我猜我可以找個人帶我去，但我還沒能抽出空來。我的朋友福特是個獵人，他一九八一年春天來這裡朗讀他的作品，用朗讀掙來的錢給我買了杆獵槍。你想看看！他還請人在上面刻了字：「贈瑞蒙。理查，一九八一年春。」福特是個獵人，我覺得他試圖鼓勵我去打獵。

評：你希望你的作品對別人有什麼樣的影響？你覺得你的寫作會改變他人嗎？

卡：我真的不知道，我很懷疑這一點。不會有什麼深刻的改變，也許什麼也改變不了。歸根結底，對製造者和消費者雙方而言，藝術只是一種娛樂形式，是吧？我是說在某種程度上，它和打撞球、玩牌或打保齡球是一樣的，我想說它只是個不同的、層次高一點的娛樂活動。我並不是說它不包含任何精神養分，當然包含。聽貝多芬協奏曲、在梵谷的油畫前駐足或讀一首布萊克的詩，與打橋牌或打了一場得高分的保齡球所獲得的快感是無法相提並論的，藝術終歸是藝術，但藝術也是一種高級的娛樂。我這麼想有錯嗎？我不知道。但我記得二十幾歲時，在讀了史特林堡的劇本、弗里斯（Max Frisch）的小說、里爾克的詩，聽了一整晚巴爾托克（Bartók）的音樂，還有看了電視上關於西斯汀教堂與米開朗基羅的專題後，都會有我的人生發生了改變的感覺。你不可能不被它們影響，不被它們改變，不可能不因此而變成另一個人。但不久我就發現我的人生根本就不會改變，我一點也感受不到這種變化，不管它是否能夠被察覺到。我終於明白藝術是一個有閒暇和閒錢才能追求的東西，就這麼簡單。藝術是一種奢侈品，它不會改變我和我的生活。我想我終於痛苦地認識到藝術不會改變任何東西。不會。我根本不信雪萊荒謬的鬼話，說什麼詩人是這個世界上「不被承認的立法者」。這是什麼鬼念頭！狄尼森（Isak Dinesen）說她每天寫一點，不為所喜，不為所憂，這個我贊成。那些靠一篇小說、一部話劇或一首詩就能改變人的世界觀甚至人生觀的日子即使有過，也已經一去不復返了。寫一些關於生活在特定狀況下的特定人群的小說，也許有助於對生活的某些層面有更好的瞭解，但恐怕也只有這麼多了，至少我是這麼認為。詩也許不同，黛絲收到過讀了她詩的人來信，說這些詩救了他們沒去跳懸崖跳河什麼的。但這是兩碼事。好小說是一個世界帶給另一個世界的資訊，我覺得，那目的本身立意良善，但要通過小說來改變事物、改變人的政治派別或政治系統本身，或挽救鯨魚、挽救紅杉樹，不可能。如果這是你所想要的變化，辦不到。而且，我也不認為小說應該與這些事情有關。小說什麼也不用做，只需帶給寫作者強烈的愉悅，給閱讀那些經久不衰作品的人提供另一種愉悅，也為它自身的美麗而存在。它們發出光芒，雖然微弱，但經久不息。（小二／譯）

（原載《巴黎評論》第八十八期，一九八三年夏號）

米蘭・昆德拉
Milan Kundera

A jestli rekl pred chvili, ze detstvi je budoucnost lidstva, detstvi prave vekem bez minulosti a neni sila detstvi prave v te lehkosti, s niz nezatizeny leti do budoucnosti vpred?

29

"Ta budoucnost, o ktere mluvim j

"V tem krasnem budoucnosti, o ktere mluvim, ja sam uz, deti, nebudu."

A vidi pred sebou andelsky krasnou tvar Gabrielovu a citi jak mu po tvari tece slza dojeti. Opakuje: "Ne, tam ja uz nebudu."

A tim rici, ze jestlize cely smysl jeho statnickeho dila tkvel v tom ukazat zavratnou ...eni, nebyl to z jeho strany akt egoisty, ktery vyvysuje vlastni pamatku nad pamatku jinych, ale velkoryse odhodlani toho, kde sam je ochoten prvni prikladem a vejit do velke (modre) naruce nepameti, v niz se sejde ve velikem smireni a sbratreni se vsemi i s Hublem, i Clementisem, ktereho vymazali z fotografii, i s Kafkou, ktereho vyskrtl y ucebnic literatury, i se stosedmdesati ceskymi historiky, jimz zakazal badat v historii.

Ve zvlastnim slzavem nadseni se usmiva a mluvi koketne o sve smrti a vidi proti sobe vesele usmevy detskeho publika, ty deti se usmivaji a Husak se usmiva tez a po tvari mu tecou slzy dojeti a cim vic mu tecou slzy, tim vic se usmiva a deti se zacinaji smat nahlas, je to stastny smich a Husak se smaje a nahlas a nahlas place a do svych slz opakuje uz uplne nesrozumitelnym hlasem: "Ne ja uz na svete nebudu," a slzy mu tecou jeho vraskami ve tvari a tech vrasek je cim dal vic, cim vice se smeje

米蘭 · 昆德拉一頁未出版的作品手稿。

本次採訪，是一九八三年秋天在巴黎和昆德拉幾次會談的產物。我們在他靠近蒙帕那斯區的頂樓公寓見面，在一間昆德拉當做辦公室的房間裡工作。裡頭的書架上滿是哲學和音樂學的書，有一台老式打字機和一張桌子，看上去更像一間學生宿舍，而不是世界知名作家的書房。其中一面牆上，兩幅照片肩並肩掛著：一張是他父親，鋼琴家；另一張是楊納傑克（Leoš Janáček），他非常喜愛的捷克作曲家。

我們用法語進行了幾次自由而漫長的討論；沒有用磁帶錄音機，而是用了一台打字機，剪刀，還有膠水。漸漸地，去蕪存菁並經數度修改後，這個文本現出其形。

昆德拉的最新小說《生命中不可承受之輕》，一出版即暢銷，本次採訪就發生在這之後不久。突然而至的名氣讓他很不自在；昆德拉一定同意洛瑞（Malcolm Lowry）的說法，「成功就像一場可怕的災難，比一個人家裡失火還要糟。名聲將靈魂的歸所都吞噬。」一次，當我問及媒體對他小說的某些評價時，他答道：「我只在乎自己的看法！」

大多數的評論者，傾向於研究作家，還研究作家的個性、政治立場及私人生活，而不是作家的作品。昆德拉不希望談自己，似乎是對這一趨勢的本能反應。「對必須談論自己感到厭煩，使小說天才有別於詩歌天才。」昆德拉對《新觀察家》雜誌如是說。

因此，拒絕談論自己，是將文學的作品與形式放在注意力正中心，聚焦小說本身的一種方式。這次關於創作藝術的討論，正是為此目的。

——克利斯蒂安・薩蒙（Christian Salmon），一九八三年

《巴黎評論》（以下簡稱「評」）：你曾說過，在現代文學中，你覺得自己比較接近穆齊爾（Robert Musil）與布洛赫（Hermann Broch）這兩位維也納小說家，更勝於其他任何作家。布洛赫和你一樣，認為心理小說的時代已走到盡頭。相反，他信奉他稱之為的「博學小說」。

米蘭・昆德拉（以下簡稱「昆」）：穆齊爾和布洛赫給小說安上了極大的使命，他們視小說為至高無上的理性綜合，是人類尚可對世界整體表示懷疑的最後一塊寶地。他們深信小說具有巨大的綜合力量，可以是詩歌、幻想、哲學、警句和論述糅合為一個整體。在他的書信當中，布洛赫對此議題有許多頗為深刻的評論。不過在我看來，由於他不當地選擇了「博學小說」這個術語，使得自己的意圖曖昧不明。事實上，布洛赫的同胞斯蒂夫特（Adalbert Stifter），一位奧地利論述大家，就寫了本真正博學的小說，即一八五七年出版的《小陽春》（Der Nachsommer）。這部小說很有名：尼采認為它名列四大德國文學作品。時至今日，這書讓人讀不下去，因為裡頭充滿了地質學、生物學、動物學、手工業、繪畫藝術，以及建築學的資料；但這龐大、令人振奮的百科全書，實際上卻漏掉了人類及人類自己的處境。正因為它是如此博學，《小陽春》完全缺乏讓小說變得特殊的東西。布洛赫不是這樣。相反地！他力求發現「唯有小說才能發現的東西」。布洛赫喜歡稱之為「小說學問」的具體對象，就是存在。在我看來，「博學」這個詞必須被精確地界定為「使知識的每一種手段和每一種形式匯聚到一起，為了解釋存在。」是的，我確實對這樣的方式有一種親近感。

評：你在《新觀察家》雜誌發表的一篇長文，讓法國人再次發現了布洛赫。你高度稱讚他，可你同時也是語帶批判。在文章結尾，你寫道：「所有偉大的作品（正因為它們是偉大的）都部分地不完整。」

昆：布洛赫對我們有所啟發，不僅因為他已有的成就，還因為那些他打算實現卻無法達到的一切。正是他作品的不完整，助我們了解到需要有新的藝術形式，包括：第一，徹底去除非必要之物（為了掌握現代世界的複雜性又不喪失結構上的清晰）；第二，「小說的對位法」（為了將哲學、敘事、理想譜進同一支曲）；第三，明確具小說格調的隨筆（換言之，保持其為假想、戲謔或反諷，而不宣稱是要傳達什麼絕對真實的訊息）。

評：這三點似乎表明你的整個藝術規劃。

昆：要將小說變為一個對於存在的博學觀照，必須掌握省略的技巧、濃縮的藝術，不然就掉進了深不見底的陷阱。穆齊爾的《沒有個性的人》（The Man Without Qualities）是我最愛的少數幾本小說。但別指望我會喜歡它巨大的未完成部分！想想看，有座城堡大到一眼看不盡；想想看，一曲絃樂四重奏長達九個小時。人類有其極限（人的尺度），比如記憶的極限，不應違犯。當你讀完，應仍能記得開頭；如若不然，小說便失去了它的形，它「結構上的清晰」就模糊難辨了。

評：《笑忘書》由七個部分組成。如果你處理它們時用的不是這麼省略的方式，可能會寫成不同的七部完整小說。

昆：可如果寫了七部獨立的小說，我會失去最重要的東西：我將無法在一本單獨的書裡，表現出「現代世界中人類存在的複雜性」。省略的藝術絕對必不可少。它要求一個人總是直接指向事物的核心。在這一點上，我總想起一位我自童年起就極其熱愛的捷克作曲家，楊納傑克。他算得上是現代音樂最傑出的大師，他將音樂剝得只剩下本質的決心，可說是前所未有。當然，每一部音樂作品牽涉到大量的技巧：主題的展露、發展、變化、複調效果（通常很機械），填入配器，過渡，等等。如今，人們可以用電腦作曲，但作曲家的腦中本就有部電腦——如果有必要，他們能夠在毫無原創想法的情況下寫出一部奏鳴曲，只要依著作曲的規則「自動機械化」擴展開來即可。楊納傑克的目的是摧毀這台電腦！野蠻的交錯，而不是過渡；重複，而不是變化——並且總是直接指向事物的核心：只有那些有重要話可說的音符，才有資格存在。小說幾乎也一樣，它也受到了拖累，來自「技巧」，來自作者完成作品的規矩：介紹一個角色，描述一場環境，將行動帶入其歷史背景之中，將角色的一生填滿無用的片段。每換一次景要求一次新的展露、描述、解釋。我的目的和楊納傑克一樣：摒棄小說技巧的無意識、自動化特性，摒棄冗長誇張的小說文字。

評：你提到的第二種藝術形式是「小說的對位法」。

昆：認為小說是一種知識大綜合的想法，幾乎自動產生了「複調」這一難題。這個難題仍要解決。比如布洛赫《夢遊者》（The Sleepwalkers）的第三部，是由五個各異其趣的要素組成：第一，建立在三位主角基礎上的「小說體」敘述——帕斯拿、艾什、于哥諾；第二，漢娜・溫德林軼事；第三，軍醫院生活的真實描述；

第四，一個救世軍女孩的敘述（部分用韻文寫成）；第五，有關價值觀墮落的一篇哲學論述（用科學語言寫成）。每一部分都優美。儘管，事實上是以持續不斷的交替（換言之，用一種複調的方式）同步處理，但五種要素依然是分離的——也就是說，它們並不構成一種真正的複調。

評：你用了複調的隱喻並把它運用到文學上，是否事實上向小說提出了它無法完成的要求呢？

昆：小說能夠以兩種方式吸收外界要素。堂吉訶德在他旅行的過程中，遇到不同的人向他敘述他們自己的故事。如此一來，獨立的故事，插入整體之中，與小說框架融為一體。這種寫作在十七、十八世紀小說中常能找到。可布洛赫，沒有把漢娜・溫德林的故事放入艾什和于哥諾的主線故事中，而是讓它們同時地展開。沙特（在《延緩》〔The Reprieve〕中），以及他之前的帕索斯（Dos Passos），也用了這種同時的技巧。不過，他們的目的是將不同的小說故事融合，換句話說，是同質要素，而非像布洛赫那樣的異質要素。此外，他們對這種技巧的使用，給我的印象是太機械且缺乏詩意。我想不到有比「複調」或「對位法」更好的術語，能描述這種形式的寫作，而且，音樂上的類比是有用的。比如，《夢遊者》第三部分首先讓我感到麻煩的是，五個要素並不均等。而所有聲部均等，在音樂的對位法當中是基本的程式規則，是必要條件。在布洛赫的作品中，第一要素（艾什和于哥諾的小說敘述）比其他要素占了更大篇幅，更重要的是，它與小說的前兩部分相關聯，享有一定的特權，因此承擔了統一小說的任務。所以它吸引了更多注意，將其他要素變為純粹的裝飾。第二個讓我感到麻煩的是，儘管巴哈的賦格一個聲部也不能少，漢娜 · 溫德林的故事或有關價值觀墮落的論述，卻完全能作為傑出的獨立作品，單獨地看，其意義或品質都分毫未減。

在我看來，小說對位的基要條件是：第一，不同要素的平等；第二，整體的不可分割。記得完成《笑忘書》第三章〈天使們〉的那一天，我極為自豪。我肯定自己找到了一種整合敘事的新方式。文本由下列要素組成：第一，兩個女學生的一段趣事及她們的昇華；第二，一段自傳體敘述；第三，對一本女性主義書籍的批評文章；第四，一則有關天使和魔鬼的寓言；第五，一段關於保羅 · 艾呂雅飛過布拉格的夢境敘事。這些要素中沒有一個脫離了其他依然可以存在，每一個都解釋說明了其他，就好像它們都在探索同一個主題，問同一個問題：「天使是什麼？」

第六章，同樣叫〈天使們〉：第一，有關泰咪娜死亡的夢境敘事；第二，有關我父親過世的自傳體敘述；第三，音樂學上的思考；第四，有關在布拉格廣泛流行的健忘症的思考。我父親與泰咪娜被孩子們拷問之間的聯繫是什麼？借用洛特雷阿蒙（Lautréamont）著名的意象，它是「一架縫紉機和一把雨傘」在同一主題的解剖台上「偶然相遇」。小說的複調更多的是詩意，而不是技巧。我在文學中找不到其他的例子有如此複調的詩意，但雷奈（Alain Resnais）最新的電影讓我大受震驚，他所用的對位技法令人驚歎。

評：《生命中不可承受之輕》書中，對位沒有這麼明顯。

昆：那是我的目標。那兒，我想要夢、敘述和思考以一條看不見、完全自然的水流匯聚成河。但小說複調的特點在第六部分很明顯：史達林兒子的故事、神學的思考、亞洲的一起政治事件、弗蘭茲在曼谷的死、湯瑪斯在波西米亞的葬禮，都通過同一個永恆的問題聯繫起來——「媚俗是什麼？」這個複調的段落是支撐整個小說結構的支柱，是解開小說結構之祕密的關鍵。

評：你要求必須有「一篇明確具小說格調的隨筆」，對《夢遊者》中所出現的那篇有關價值觀墮落的論述其實是多有保留。
昆：那是一篇非常漂亮的論述！

評：你對它成為小說一部分的這種方式有過懷疑。布洛赫沒放棄他任何的科學語言，他以一種直白的方式表達了自己的觀點，而不是藏在他的某個角色之後——像曼（Thomas Mann）或穆齊爾會做的那樣。那不正是布洛赫真正的貢獻、他的新挑戰嗎？
昆：確實如此，他對自己的膽識很瞭解。但也有一個風險：他的論述會被看成、被理解成小說意識形態的關鍵，理解成它的「真理」，那會將小說的剩餘部分變成僅在闡述一種思想。那麼小說的平衡會被打亂；論述的真理變得過於沉重，小說微妙的結構便有被摧毀的危險。一部沒有意圖要闡釋一套哲學論題的小說（布洛赫憎恨那一類的小說！）可能最後會被以這樣的方式解讀。如何將一篇論述併入小說裡？重要的是心中要有一條基本原則：一旦被囊括進到小說裡頭，思考的本質就會起變化。小說之外，到處都是肯定性的斷言：每個人都是哲學家、政治家、監護者，都確信自己的言論。可在小說這塊地盤，人們並不堅持己見；這是個屬於扮演與假想的國度。小說中的論點，本質上就是假設性的。

評：但為什麼一個小說家會在他的小說中，想要剝奪自己公然、獨斷表達哲學觀的權利？

昆：因為他根本沒有什麼哲學觀！人們經常會說到契訶夫的哲學，或卡夫卡的，或穆齊爾的；但你倒是找找看，他們的作品中到底有沒有一套連貫的哲學！就算是他們在筆記中表達自己的看法，這些看法容或發展成智力練習，耍弄各種悖論，或即興創作，而不會成為某種哲學的斷言。寫小說的哲學家，不過是用小說的形式來闡明自己觀點的偽小說家。伏爾泰和卡繆都未曾發現「唯有小說才能發現的東西」。我只知道一個例外：狄德羅的《宿命論者雅克》。這是怎樣的一個奇蹟！越過小說的邊界線，嚴肅的哲學家變成了一個戲謔的思想家。小說中沒一句嚴肅的話——書裡的一切是鬧著玩的。這本書在法國評價過低，到了駭人的地步，正是這個原因。事實上，法國失去並拒絕重新找回的一切，都包括在《宿命論者雅克》裡了。在法國，更注重觀念而不是作品。《宿命論者雅克》無法轉換為觀念的語言，因此無法在觀念的原鄉為人們理解。

評：在《玩笑》中，是雅羅斯拉夫想出一套音樂學的理論，因此，明顯可知他的思考是假設性的。但《笑忘書》中的音樂理論思考是作者的，是你的。那麼我該認為它們是假定的還是肯定的？

昆：這都由語調而定。從最早的文字開始，我就打算讓這些思考帶有一種戲謔、諷刺、挑釁、實驗或懷疑的語調。《生命中不可承受之輕》的整個第六部（〈偉大的進軍〉）是一篇關於媚俗的論述，闡述一個主要的論題：媚俗就是堅決否定大糞（shit）存在。關於媚俗的此種思考，對我來說至關重要。它建立在大量思想、實踐、研究，甚至激情的基礎上。但語調從不嚴肅；它是挑釁的。這篇論述在小說之外是不可想像的，它是一種純小說的思考。

評：你小說的複調還包含了另一種元素，即夢境敘事。它占了《生活在他方》的整個第二部，它是《笑忘書》第六部的基礎，又通過特瑞莎的夢貫穿了《生命中不可承受之輕》。

昆：這些離題之處也是最容易被誤解的段落，因為人們試圖從中找到一些象徵性的寓意。特瑞莎的夢沒什麼可破譯的。它們是關於死亡的詩。它們的意義在於它們的美，這美讓特瑞莎著迷。順道一提，你曉不曉得人們不知如何讀卡夫卡，正是因為他們想要破譯他？他們不讓自己順著卡夫卡無與倫比的想像走，反而尋找著寓言，最後只得出一堆陳詞濫調：生命是荒誕的（或生命不是荒誕的），上帝是不可觸及（或可觸及），等等。如果你不懂想像本身就有其價值，根本無法理解藝術，尤其是現代藝術。諾瓦利斯（Novalis）讚賞夢時，就知道這一點。「夢讓我們遠離生活的無味」，他說，「用它們遊戲的欣喜，將我們從嚴肅中解放出來。」他第一個認識到，夢以及夢一般的想像可在小說中扮演什麼角色。他計畫將他《海因里希・馮・奧夫特丁根》（Heinrich von Ofterdingen）的第二卷寫成這樣的敘述：夢和現實如此纏結，難以區分。不幸的是，第二卷只留下若干筆記，諾瓦利斯在其中描寫了他的美學意圖。一百年後，他的抱負由卡夫卡實現。卡夫卡的小說是一種夢和現實的融合；也就是說，既不是夢也不是現實。最重要的是，卡夫卡引起了一場美學的變革，一種美學的奇觀。當然，沒人能重複他做過的事。但我和他、和諾瓦利斯，都有相同渴望，欲將夢及夢境中的想像帶進小說。我的處理方式是複調的對峙，並非將夢和現實融合。夢境敘事是對位法的要素之一。

評：《笑忘書》最後一部，並沒有複調的東西，然而它有可能是書裡最有趣的一部。這部由十四章組成，細數約翰這名男子一生當中的情色境遇。

昆：另一個音樂術語：這種敘述是一種「主題變奏」。主題是邊界，事物越界便失去意義。我們的生活在最接近那邊界的地方展開，而且隨時都可能越界而出。那十四章，就是在有意義與無意義間的邊界上，同一種境遇之性衝動的十四種變奏。

評：你曾將《笑忘書》描述為一部「變奏曲式小說」，但它還是一部小說嗎？

昆：書中沒有情節的統一，為此原因，它看上去不像一部小說。人們無法想像一部小說沒有那種統一。就連「新小說」的實驗也是以情節（或非情節）的統一為基礎。斯特恩（Sterne）和狄德羅樂於將統一變得極其脆弱。雅克和他主人的旅程在《宿命論者雅克》中占較少的篇幅；它不過是一個喜劇的托詞，中間可以融入趣聞、故事、思想。儘管如此，要讓小說有小說的感覺，這一托詞、這一「框架」是必須的。《笑忘書》中不再有任何這樣的托詞，在此是主題及其變奏的統一，使得整體有所連貫。這是一部小說嗎？是的。一部小說是通過虛構的角色，對存在進行思考。其形式無限自由。縱觀小說的整個歷史，它從不知如何利用自己無盡的可能；它已錯失良機。

評：但除了《笑忘書》，你的小說同樣建立在情節的統一上，儘管《生命中不可承受之輕》的確是更鬆散的一類。

昆：是的，但別的更重要的統一方式將它們統整起來：相同形而上問題的統一、相同中心思想及其變奏的統一（比如，《賦別曲》的中心思想為父權）。但我尤其要強調，小說主要是建立在若干基本詞語之上，就像荀貝格（Schoenberg）的十二音列。在《笑忘書》中，詞列如下：遺忘、笑聲、天使、「力脫思特」（litost）、邊界。在小說的推進過程中，這五個關鍵字被分析、研究、定義、再定義，因而轉變為存在的範疇。小說建立在這少數幾個範疇之上，如同一座房子建在它的梁上。《生命中不可承受之輕》的梁是：重、輕、靈、肉、偉大的進軍、大糞、媚俗、熱情、眩暈、力量和軟弱。因為它們的範疇性特徵，這些詞不能用同義詞取代。這總是得一遍又一遍地解釋給譯者聽，他們（出於對「優美文體」的考慮）企圖避免重複。

評：關於結構上的明晰，所有你的小說，除了一部之外，都分為七章，這給我很深的印象。

昆：當我完成我的第一部小說《玩笑》時，它有七個章節，這沒什麼好驚訝的。接著我寫了《生活在他方》。小說就快要完成時有六章，我覺得不滿足，突然有了一個想法，要將一個發生在主角死後三年的故事包括進來——也就是說，在小說的時間框架之外。現在這是小說七章中的第六章，叫〈中年男人〉。小說的結構一下子變得完美了。後來，我意識到這第六章，奇怪地與《玩笑》的第六章（〈科斯特卡〉）有類同之處，也引入了一位局外人的角色，在小說的圍牆上開了一扇祕窗。《可笑的愛》一開始是十個短篇小說，編成最後版本的過程中，我刪了其中三篇。這本集子變得非常連貫，預示了《笑忘書》的寫作，有一個角色，哈威爾大夫，將第四篇和第六篇連在一起。在《笑忘書》中，第四和第六章也是因為一個人物有所連繫：塔美娜。當我寫《生命中不可承受之輕》時，我決定打破數字七的咒術。我很早就定下了一個六章的初稿，可第一章總讓我覺得不成形，最後，我發現它實際是由兩部分組成的，像連體的雙胞胎一樣，需要用精確的手術才能將它們分開。我說了這麼許多，只是要表明自己並不是沉迷於什麼和神奇數字有關的迷信矯飾，也沒有做一種理性的計算。驅使我的，反倒是一種深沉、潛意識、難以理解的需要，一種我逃脫不了的形式原型。我所有小說，都是基於七這個數字所做的結構變化。

評：你想將最異質的元素綜合成一個統一的整體，使用七個整齊分割的章節，當然與此目標有關。你小說的每一部總是自成一體，並由於各自的特殊形式，彼此之間截然不同。但如果小說已被分為標了數字的章，為什麼這些章本身還要再分為標了數字的節？

昆：這些節本身必須創造一個自己的小世界；它們必須相對地獨立。這就是為什麼我一直糾纏著我的出版商，要確保那些數字清晰可見，而且節與節之間要分得清楚。節就像樂譜的拍子！有些章拍子（節）長，另一些的拍子短，也有的長度不規則。每一章都有一個音樂速度的指示：中板、急板、行板，如此等等。《生活在他方》的第六章是行板：以一種平靜、憂鬱的方式，說一個中年男人邂逅一個剛從監獄裡釋放的年輕女子。最後一章是最急板：由很短的節組成，從將死的雅羅米爾跳到韓波、萊蒙托夫和普希金。我是先以一種音樂的方式思考《生命中不可承受之輕》。我知道最後一章必須極弱，而且是緩板：它著力於一個相對短的、平凡的時間段，在一個單一的地點，語調是平靜的。我也知道這一部分必須有個最急板在前，正是〈偉大的進軍〉那一章。

評：數字七的規則有一個例外，《賦別曲》只有五章。

昆：《賦別曲》依據的是另一種形式上的原型：它是完全均質，處理一個主題，以一種速度敘述；它非常地戲劇化、格式化，從鬧劇中得到它的形式。《可笑的愛》書中，叫做〈談話會〉的那篇也以完全一樣的方式構成——一部五幕的鬧劇。

評：你說的鬧劇是什麼意思？

昆：我指的是強調情節，強調它所有意外而難以置信的巧合所設下的圈套。小說中，就數情節與其鬧劇式的誇張更可疑、可笑、老套、陳腐而無味。自福樓拜以來，小說家試圖去掉情節的巧設；結果，小說變得比最呆板的生活還要呆板。但還有一種方式去避開情節可疑、不可再用的那方面，就是讓它擺脫必須有所可能的要求。你講一個不太可能的故事，一個自願選擇變得不太可能的故事！卡夫卡正是如此構想出《美國》。第一章，卡爾通過一連串最不可能的巧合遇見他叔叔，卡夫卡用一種對情節的戲仿——通過鬧劇的大門，進入了他最初的「超現實」世界，進入他最初的「夢與現實的融合」。

評：但為什麼你在完全不為了娛樂的情況下，為小說選擇了鬧劇的形式？

昆：但它是一種娛樂！我不理解法國人對娛樂的輕蔑，為什麼他們對「消遣」這個詞感到如此羞愧。有趣比無聊冒的風險少。而且他們還冒著陷入媚俗的危險，那些對事物甜美的、謊話連篇的裝飾，浸泡著玫瑰色的光暈，就連如此現代主義的作品，如艾呂雅（Éluard）的詩，或史寇拉（Ettore Scola）最近的電影《舞會》（它的副標題可以是「法國媚俗的歷史」）也如此。沒錯，媚俗，而非娛樂，是真正的美學災難！偉大的歐洲小說從娛樂起家，每一位真正的小說家都懷念它。事實上，那些了不起的娛樂主題，都非常嚴肅——想想塞萬提斯！至於《賦別曲》，問題在於：人類是否夠格在這個地球上生存？難道不應該有個人「幫助地球逃脫人類的魔爪」？我這輩子的渴望，是將極端嚴肅的問題與極端輕薄的形式結合。這也並非純粹藝術上的渴望。輕浮的形式和嚴肅的主題兩相結合，立刻揭開戲劇般人生的真相（不僅發生在床笫之間，也在歷史這個大舞台上演出），現出其根本無足輕重的事實。我們經歷了生命中不可承受之輕。

評：所以，最新這部小說的書名也可以用來命名《賦別曲》？

昆：每一部我的小說都可以叫做《生命中不可承受之輕》或《玩笑》或《可笑的愛》；這些題名是可以互換的，它們反映出困擾我、界定我，同時也限制我的那少數幾個主題。在這些主題之外，我沒什麼可說，也沒什麼可寫的。

評：你的小說中有兩種形式上的寫作原型：第一，複調，將異質元素統整到以七這個數字為基礎的結構中；第二，鬧劇，同質的、戲劇的，刻意凸顯不太可能發生的事件。除了這兩種原型，還會有另一個昆德拉嗎？

昆：我一直想來點出乎意料的美好外遇，但至今尚未能夠脫離對這兩者的忠貞。（葉子／譯）

（原載《巴黎評論》第九十二期，一九八四年夏號）

LINK 15

巴黎評論・作家訪談錄 I

The Paris Review: Interviews *Vol.1*

作　　者	《巴黎評論》編輯部
譯　　者	苗煒 等
校　　訂	崔宏立
總 編 輯	初安民
責任編輯	施淑清
美術編輯	林麗華
校　　對	施淑清
發 行 人	張書銘
出　　版	**INK**印刻文學生活雜誌出版有限公司 新北市中和區建一路249號8樓 電話：02-22281626 傳真：02-22281598 e-mail : ink.book@msa.hinet.net
網　　址	舒讀網 http://www.sudu.cc
法律顧問	巨鼎博達法律事務所 施竣中律師
總 代 理	成陽出版股份有限公司 電話：03-2717085（代表號） 傳真：03-3556521
郵政劃撥	19000691　成陽出版股份有限公司
印　　刷	海王印刷事業股份有限公司
港澳總經銷	泛華發行代理有限公司
地　　址	香港新界將軍澳工業邨駿昌街7號2樓
電　　話	(852) 2798 2220
傳　　真	(852) 2796 5471
網　　址	www.gccd.com.hk
出版日期	2016年10月　初版
ISBN	978-986-387-083-8

定價　　260元

國家圖書館出版品預行編目資料

巴黎評論・作家訪談錄I／《巴黎評論》編輯部 著.

苗煒 等譯. --初版. --新北市中和區：INK印刻文學,

2016.10 面；　公分. --（Link；15）

譯自：The Paris Review: Interviews

ISBN 978-986-387-083-8 （平裝）

1.作家 2.訪談 3.文學評論

781.054　　104029120